Paris **Rock**

CHRISTOPHE QUILLIEN

PARIGRAMME

Pour les Rollin' Gelin', le meilleur Big Band de toute la rue de Tolbiac !

Merci au Girls Band de Parigramme :
Sandrine (pour sa relecture attentive, ses suggestions...
et sa patience !), Marianne et Laurence.

Remerciements :
Gabriel Chemin-Crozet
Sébastien Cordin
Frédéric Granier
Marc Gulbenkian
Carl Kieser
Jacques Leblanc
François Maigret
Yazid Manou
Christian Marmonnier
Frédéric Péguillan
Frédéric "Marolles'n'rock" Peltier
Rémi Pépin
Benoît Sabatier
Thomas Soligny
Jean-William Thoury

Tous nos efforts pour vous donner la meilleure information possible n'empêcheront jamais la Terre de tourner et certaines adresses de changer entre le moment où nous mettons sous presse et celui où vous tiendrez ce guide entre vos mains. N'hésitez pas à nous écrire pour nous faire part de vos remarques :
parisestanous@parigramme.fr

Collection dirigée par Sandrine Gulbenkian et Jean-Christophe Napias

Sommaire

Alléluia, le rock est de retour !

Nous dirions même plus : le rock à guitares – on frôle le pléonasme, là – est de retour. Et il se porte mieux que jamais. Il sert de bande-son à la publicité, s'invite dans la playlist de n'importe quelle supérette de quartier, inspire les réalisateurs de cinéma comme les concepteurs de jeux vidéo et envahit les tables des nouveautés dans les librairies. Il n'y a guère que la télévision, fidèle à elle-même, pour s'obstiner à le bouder – à l'exception d'une émission consensuelle diffusée sur une chaîne du service public.

Le rock est devenu un produit de consommation courante et s'affiche dans les magazines à grand tirage (qui ont enfin cessé de rebaptiser Mick Jagger en Mike Jagger). Sur scène, les papys du rock font de la résistance, tandis que les "bébés rockers" redécouvrent les vertus de la sainte trilogie guitare/basse/batterie. Le disque vinyle, que l'on croyait mort et enterré par les nouvelles technologies, connaît une nouvelle jeunesse.

Et Paris, dans tout ça ? La capitale serait-elle enfin devenue une ville rock ? Avant de répondre à la question, un petit retour en arrière s'impose. *Souvenirs, souvenirs*, comme disait un certain Jean-Philippe Smet...

Longtemps, le rocker parisien s'est couché de bonne heure.

Paris n'est pas Londres ni New York. La ville a mis des années avant de s'ouvrir au rock et de se déboucher les oreilles, encombrées par la chanson à texte et la "variétoche" bien de chez nous. Les plus anciens parlent encore avec émotion du Bus Palladium, de la Locomotive et du Golf Drouot, premier lieu rock parisien tenu par Henri Leproux. Le Golf vit défiler la jeunesse des années 60 qui venait participer à son fameux Tremplin, destiné à récompenser les groupes les plus méritants.

Puis le rock à Paris connut une longue traversée du désert... culturel.

Sortir le soir, d'accord, mais où ? À part de rares endroits comme le Bataclan, le Gibus ou l'Olympia, où se tenaient les *Musicorama* diffusés sur Europe n° 1, l'amateur de rock n'avait guère de salles à sa disposition pour écouter sa musique favorite dans la décennie 70. Pendant plusieurs années, il dut prendre le métro jusqu'à la station Porte-de-Pantin pour s'entasser dans le Pavillon de Paris, l'ancien abattoir de la Villette transformé en une sorte de hall de gare où s'illustraient, avec un peu trop de zèle, les gros bras brutaux de l'organisateur de concerts KCP.

Et les disquaires ? Ah, les disquaires... (Soupir nostalgique) À l'époque, les disques se vendaient non seulement dans des boutiques spécialisées, mais aussi dans les Prisunic et les magasins d'électroménager, rangés entre les électrophones et les aspirateurs (eh oui !). Pour se procurer, "en import" et avec retard, les dernières nouveautés venues d'Angleterre ou des États-Unis, il fallait casser sa tirelire et pousser la porte de disquaires aujourd'hui disparus. Ils s'appelaient Givaudan, Sinfonia, Lido Musique, Clémentine ou Champs Disques. Les collectionneurs de bootlegs, ces fameux disques pirates, s'offraient le grand frisson de l'interdit à l'Open Market ou chez Music Action.

Le rock restait cantonné dans les marges, précédé d'une réputation vaguement sulfureuse. Il faisait mauvais genre. Le rocker parisien rasait les murs. Mais un jour, son heure viendrait.

À l'aube des années 80, le rock devint enfin fréquentable. Il n'effrayait plus personne. Mieux, il faisait désormais partie de la Culture avec un "C" majuscule. À Paris, les plus *branchés* (le mot était à la mode) hantaient le Rose Bonbon, près de l'Olympia, et parfois le Palace – si on les laissait entrer. Les plus pointus se retrouvaient chez New Rose, rue Pierre-Sarrazin, le premier disquaire et label indépendant parisien, ouvert en 1980. Les autres se contentaient d'acheter des tee-shirts à l'effigie de leurs groupes favoris chez Harry Cover, aux Halles, et de passer des heures à la Fnac, où il était possible d'écouter les nouveautés au casque. On détruisait le Pavillon de Paris pour le remplacer par le Zénith, signe d'une reconnaissance officielle du rock et de ses adeptes. Dans les squats du 20e arrondissement résonnaient les premiers accords du rock alternatif.

Les temps avaient changé. Cette fois, le rocker parisien tenait sa revanche.

Aujourd'hui, dans les rues de Paris, on croise des grappes de mômes en jeans slim, les disquaires poussent comme des champignons (hallucinogènes ?), les bars rock fleurissent sur le bitume, l'offre de musique live est telle que l'on ne sait plus où dodeliner de la tête, et les festivals comme Solidays ou Rock en Seine se multiplient. On ne compte plus les clubs et les salles de concert, ni les troquets où le rock fait partie du décor. Et Pigalle reste le refuge des magasins d'instruments, installés là depuis la nuit des temps pour profiter de la proximité des cabarets et des salles de spectacle.

Le rock est partout. Mais personne ne songe à s'en plaindre… Alors Paris : ville rock, oui ou non ? Après une longue enquête de terrain menée sur les trottoirs de la capitale, lunettes noires sur le nez et col du perfecto relevé pour ne pas attirer l'attention, il semblerait que oui. Pour vous en convaincre, jetez donc un œil et une oreille (voire les deux) aux adresses de ce petit guide qui fleurent bon les décibels et le cuir vieilli…

1

Disques, raretés, collectors et autres trésors

Bonne nouvelle : les disquaires sont revenus dans Paris. Alors que les grandes surfaces culturelles réduisent la place consacrée au disque, amateurs pointus et néophytes se réfugient chez les disquaires de quartier, où ils trouvent à la fois du choix, des conseils avisés et une atmosphère. Deuxième bonne nouvelle : tandis que la place du CD diminue à vue d'œil (et d'oreille) sur les rayonnages, le vinyle, que l'on croyait moribond ou réservé aux DJ, revient en force. Ses atouts ? La qualité du son, le plaisir du contact physique avec l'objet et la dimension artistique de la pochette en carton, tellement plus séduisante que le triste boîtier en plastique du compact-disc. Allez, on pose le bras de la platine sur le vinyle et on remet le son !

Parallèles

47, rue Saint-Honoré, 1er • M° Châtelet ou Les Halles
Tél. 01 42 33 62 70 • www.librairie-paralleles.com
Ouvert du lundi au samedi de 10h à 19h

En marge. Depuis 1972, ce libraire-disquaire voué à la production située en marge de la culture officielle résiste encore et toujours à l'envahisseur, incarné par le mainstream et le politiquement correct. À côté de la littérature, de la politique, des revues contestataires et de la bande dessinée, la boutique accorde une très large place au rock. Les rayonnages de disques d'occasion en vinyle (de 1 à 20 €) et CD (de 1 à 10 €) sont imposants, les revues sont éclectiques (de *Stones News*, le magazine du club des Stones, à *Rock and Roll Revue* ou *Record Collector*) et le choix de livres consacrés à la culture rock devrait satisfaire le lecteur le plus exigeant. Les collectionneurs fortunés peuvent même commander les superbes ouvrages de bibliophilie rock édités par Genesis Publications (non, rien à voir avec l'ex-groupe de Peter Gabriel). Les prix restent abordables, les conseils bienveillants et les disques sont rachetés 2 € (vinyles) ou 3 € (CD). Pour l'anecdote, la carte de visite et le sac plastique fournis par la maison sont toujours illustrés par deux dessinateurs légendaires de la BD rock, issus du défunt mensuel *Métal Hurlant* : Jano, le créateur de Kébra, et Margerin, le papa du célèbre Lucien.

Gilda

36, rue des Bourdonnais, 1er • M° Châtelet ou Les Halles
Tél. 01 42 33 60 00
Ouvert du lundi au samedi de 10h à 19h

Bonnes occases. Dans la famille Parallèles, n'hésitez pas à pousser la porte de la petite sœur, Gilda, située dans la rue d'à côté. Le rock n'est pas la matière première de la boutique, qui se partage entre les livres, les BD (qui sont aussi des livres, d'ailleurs !), les revues, les DVD et les cassettes. Mais il fait quand même partie du décor, comme en témoignent les affiches accrochées aux murs en hommage à Hendrix, aux Wampas ou à Iggy Pop. On trouve chez Gilda, véritable temple de l'occasion et de la fouine, tout ce que l'on ne trouve pas chez Parallèles : des 45-tours (2,90 € en moyenne), des DVD (de 3,90 à 12,90 €), des cassettes audio (1,90 €) et vidéo (3,90 €), des livres et des magazines, de *Mojo* à *Rock&Folk* et des *Inrocks* à *Uncut*. Même si le but du jeu est de partir tout seul à la conquête des bacs et de leurs trésors cachés, n'hésitez pas à demander conseil aux vendeurs : passionnés et compétents, ils sont aussi accueillants, ce qui ne gâche rien.

Monster Melodies

9, rue des Déchargeurs, 1er • M° Châtelet ou Les Halles
Tél. 01 40 28 09 39 • www.monstermelodies.com
Ouvert du lundi au samedi de 12h à 19h

Scary Monsters. En vitrine, un néon marqué “Rock'n'Roll”, une pochette du *Cheap Thrills* de Janis Joplin et une statuette d'Elvis. Pas de doute : même si l'on trouve de tout chez Monster Melodies, l'amateur de rock est à son affaire. Après avoir poussé la lourde porte d'entrée qui grince comme une tombe de mort-vivant dans le clip de “Thriller”, on jette un coup d'œil aux CD à 9 € et aux amplis qui s'entassent au rez-de-chaussée, avant de grimper le petit escalier qui conduit à l'étage où nous attendent les vinyles, rangés avec soin dans une pièce basse de plafond décorée de pochettes de 33-tours. Depuis 1985, Monster Melodies se fait fort de proposer un très large choix de plusieurs milliers de disques. Serge Vincendet, le maître des lieux, revendique le plus gros stock de France et affirme que les vendeurs de la Fnac lui envoient leurs clients quand ils sont incapables de satisfaire leur quête d'une pièce rare. Mais le choix et la qualité se paient : de 20 € à... très cher, comme ce *Their Satanic Majesties Request* des Stones en édition anglaise originale à 200 €. *It's only rock'n'roll*, vraiment ? Mais quand on aime, hein...

Goodies Records

3, rue de Palestro, 2e • M° Étienne-Marcel
Tél. 01 48 87 14 37
Ouvert du lundi au samedi de 10h30 à 12h30 et de 13h30 à 19h30

Oldies but Goldies. Les habitués de l'ex-Oldies but Goodies peuvent se réjouir : leur disquaire favori a rouvert ses portes en 2009. La vitrine est là pour les rassurer, avec son disque d'or d'Elvis et sa guitare : à part l'adresse, rien n'a changé. Ils retrouveront avec plaisir un large choix de disques collector en bon état où se côtoient, dans un joyeux bazar (les vinyles débordent des étagères au point de s'entasser par terre...), blues, country, rock (des pionniers jusqu'aux années 80), soul, jazz, bandes originales de films et chanson française. Et c'est le même Roger, désormais retraité, mais toujours aussi passionné (demandez-lui de vous montrer ses trésors, comme ces superbes rééditions en vinyle orchestrées par le label Sundazed), qui tient boutique, blouson en jean de rigueur et casquette scotchée sur la tête. Un bon vieux 33-tours de l'organiste "Brother" Jack McDuff tourne sur la platine, des affiches originales du festival de Montreux (cru 1973, avec Freddie King en vedette) et de l'American Folk Blues Festival font office de décor, tandis qu'une superbe photo de Coltrane semble veiller sur le visiteur. Ça y est, vous voilà parti pour un voyage en musique au cœur de l'Amérique...

Analog Collector

13, rue Charles-V, 4e • M° Saint-Paul ou Sully-Morland
Tél. 01 42 21 90 29 • www.analogcollector.fr
Ouvert mercredi et samedi de 11h à 19h, mardi, jeudi et vendredi de 13h à 19h

Listen to the Music. "Analog" comme "analogique", bien sûr. La maison, qui ne jure que par la bonne vieille technique d'enregistrement analogique, s'est spécialisée dans le disque audiophile – d'une qualité sonore exceptionnelle – en classique et en jazz, mais aussi en rock. Le cadre est agréable, la déco épurée, et les 33-tours placés avec soin, en regard l'un de l'autre, sur les étagères. Il est possible de s'asseoir confortablement pour écouter Elvis chanter "Fever" comme s'il était à côté de nous et profiter de l'excellente qualité de l'équipement hi-fi du disquaire (en se disant qu'il est peut-être temps de s'offrir une platine vinyle comme la sienne, à condition de disposer du budget nécessaire). Les rééditions de classiques du rock en version audiophile issues de labels comme Pure Pleasure, AcousTech ou Speakers Corner, vendues entre 25 et 30 €, sont à peine plus chères qu'une banale réédition de qualité nettement moins bonne, et voisinent avec quelques occasions en parfait état. On l'aura compris, "audiophile" rime avec "bibliophile", mais il faut parfois savoir se faire plaisir...

Lucky Records

66, rue de la Verrerie, 4e • M° Hôtel-de-Ville
Tél. 01 42 72 74 13 • www.lucky-records.com
Ouvert du mardi au samedi de 12h à 19h30

Into the Groove. Où s'arrête la pop, où commence le rock ? Ou, si vous préférez : où s'arrête le rock, où commence la pop ? En attendant de trouver les réponses à ces questions existentielles, on peut faire une halte chez Lucky Records, qui est à Louise Ciccone (alias Madonna, si vous l'ignoriez encore) ce que le BHV voisin est aux amateurs de bricolage : un eldorado où l'on trouve tout, comme à la Samaritaine. Depuis 1992, ce disquaire, temple de la culture pop et partenaire du fan-club français de la chanteuse, propose tout ce dont peuvent rêver ses admirateurs/collectionneurs, à commencer par un choix de disques impressionnant : albums "promo", vinyles colorés, maxi 45-tours, picture discs, imports japonais, collectors et disques dédicacés (qui ne sont pas à vendre, désolé). Et, comme il n'y a pas que Madonna dans la vie, Lucky Records s'intéresse aussi aux artistes représentatifs des années 80 et de la culture club, épatants pour danser. Séquence émotion : sur l'un des murs est accroché un album signé de la main de, de, de... Michael Jackson, le "King of Pop" en personne ! On regarde, mais on ne touche pas, merci.

Rock'n'Roll Voltage

23, rue du Roi-de-Sicile, 4ᵉ • M° Saint-Paul

Tél. 01 42 74 64 19 • Ouvert du lundi au samedi de 11h à 19h30

Life is Hard. Vous êtes plutôt hard rock ou black metal ? Hard FM ou trash ? Heavy metal ou glam ? Grind ou neo metal ? Euh... Avouons-le, il n'est pas toujours facile de s'y retrouver parmi les catégories, les tribus et les variantes qui composent cette belle famille (mais bruyante, selon certains amateurs aux oreilles sensibles) du metal. Heureusement, Armand, fondateur et pilier du lieu depuis 1989, se fera un plaisir d'accueillir le néophyte et de l'aider à se repérer. En dépit de ces appellations pleines d'imagination, symptômes de l'obsession très française de classifier et d'étiqueter, tous ces groupes n'ont qu'une passion commune : le rock. Vinyles neufs et d'occasion, CD, livres, posters, DVD, figurines et objets de collection rangés sous vitrine, ou encore billets de concert : amateurs de metal, branchez-vous sur Rock'n'Roll Voltage !

Crocodisc

42, rue des Écoles, 5ᵉ • M° Maubert-Mutualité

Tél. 01 43 54 47 95 • www.crocodisc.com

Ouvert du mardi au samedi de 11h à 19h

→ Crocodisc • 40, rue des Écoles, 5ᵉ

→ Crocojazz • 64, rue de la Montagne-Sainte-Geneviève, 5ᵉ

See You Later, Alligator. Depuis 1978, les modes passent et certains groupes trépassent, mais Crocodisc n'a pas bougé d'une écaille. Les deux caïmans guyanais restent accrochés au plafond, les murs jaunes n'ont pas été repeints, un authentique palmier surplombe toujours le comptoir, et l'on repart avec les mêmes sacs en plastique, reconnaissables à leurs trois crocos en costume ska. Philippe, le fondateur, a ouvert la boutique pour proposer dans Paris intra-muros, tous les jours de la semaine, l'équivalent de ce qui existait le week-end aux puces de l'époque : un magasin de disques aux allures de caverne d'Ali Baba, où il fait bon fouiller dans les bacs et où le tutoiement du client est de rigueur. Il y en a pour tous les goûts et tous les genres de rock, en vinyle (entre 8 et 20 €) et en CD (de 8 à 12 €), neufs et d'occasion. Crocodisc se veut à la fois généraliste et spécialiste : l'amateur éclairé trouvera son bonheur aussi bien que le *kid* venu directement du lycée pour parfaire sa culture rock naissante. Pour les aventuriers prêts à pousser au-delà des frontières du binaire, la boutique d'à côté (surnommée Crocobronx) se consacre à la musique dite *black*, de la soul au reggae en passant par le rap. Il en existe même une troisième, spécialisée dans le jazz et baptisée… Crocojazz, évidemment.

La Dame Blanche

47, rue de la Montagne-Sainte-Geneviève, 5e • M° Maubert-Mutualité
Tél. 01 43 54 54 45 • www.ladameblanche.fr
Ouvert du lundi au samedi de 10h30 à 19h30,
le dimanche de 11h30 à 14h et de 15h à 20h

The White Lady Loves You More. Disquaire généraliste, la Dame Blanche se consacre avant tout à la musique classique, au jazz et aux musiques expérimentales. Le nom de la boutique, installée en face de Crocojazz, provient d'ailleurs d'un opéra-comique de 1825. Le rock n'est pourtant pas absent des bacs, et l'un des deux responsables de la Dame Blanche est amateur de tous ces groupes de rock progressif qui vivaient leurs belles années dans les seventies. Dans les très chic tiroirs en bois que l'on tire vers soi pour consulter les 33-tours, des albums des années 60 et 70 sont proposés en très bon état. Les prix varient entre 10 et 20 € selon le pressage, mais peuvent grimper en fonction de la rareté, comme cet album des Kinks vendu 60 €. L'autre magasin, situé rue Descartes, recèle une mine de cent mille disques dans laquelle on peut se plonger – c'est facile, il suffit de demander – à la recherche de pièces plus rares. Il est aussi possible de vendre ses disques, même à l'unité. Les disquaires de la Dame Blanche cherchent d'ailleurs à augmenter leur stock de rock, et notamment de rock psychédélique, mais ils sont victimes de leur réputation : les particuliers qui se séparent de leurs collections ne pensent pas spontanément à pousser la porte. À bon entendeur…

Paris Jazz Corner

5-7, rue de Navarre, 5e • M° Place-Monge ou Jussieu
Tél. 01 43 36 78 92 • www.parisjazzcorner.com
Ouvert du mardi au samedi de 12h à 20h

Rock & Jazz. Quoi ? Un disquaire de jazz dans un guide consacré au rock ? L'auteur de ces lignes aurait-il perdu la raison ? Que fait l'éditeur ? Et que fait la police ? Calmons-nous, calmons-nous... Bien entendu, on écoute et on vend ici avant tout du jazz. Et alors ? Sur leur tournée américaine de 1981, les Stones diffusaient bien, avant leurs concerts, le "Take the 'A' Train" de Duke Ellington... L'amateur de blues, de rhythm and blues, des pionniers du rock'n'roll et de soul music dénichera quelques galettes vinyles et CD qui ne dépareront pas sa collection. Chuck Berry, Ike et Tina Turner, Hendrix, James Brown ou Zappa figurent en bonne place dans les bacs de la boutique, aux côtés du bluesman Robert Johnson. On trouve même un petit rayon consacré aux livres, avec, surprise, une encyclopédie du rock français. Maxime, l'un des deux disquaires et guitariste à ses heures, écoute beaucoup de rock et en a joué avec plaisir, tout comme il a joué du jazz ou du blues. Chez Paris Jazz Corner, on a les idées larges !

Boulinier

20, boulevard Saint-Michel, 6e
M° Cluny-La Sorbonne ou Saint-Michel
Tél. 01 43 26 90 57 • www.boulinier.com
Ouvert du mardi au jeudi de 10h à 23h,
vendredi, samedi et lundi de 10h à minuit, le dimanche de 14h à minuit

Rock en stock. Bienvenue au paradis des fouineurs ! Au rez-de-chaussée et au premier étage de ce grand classique du Boul' Mich', les vinyles et les CD s'entassent et n'attendent que la main salvatrice qui les sauvera de l'anonymat. L'atmosphère est presque studieuse : les clients fouillent consciencieusement dans les bacs, tandis que le claquement caractéristique du boîtier en plastique des CD rythme leur quête frénétique. Malgré la présence de deux vendeurs très branchés rock indé, il n'existe pas de rayon réservé aux disques rock, ceux-ci étant mélangés – horreur ! – avec la variété internationale. Les CD coûtent en moyenne entre 3,50 et 6,50 €, les vinyles 3 ou 4 € et les 45-tours 1 €, tout comme les cassettes audio – mais oui, il en existe encore. Boulinier rachète vos vieux vinyles et CD à un prix dérisoire (entre 10 centimes et 1 €) sans faire de tri, ce qui explique la cohabitation des pires "nanars" avec d'agréables surprises. Bonne pêche !

Gibert Joseph

34, boulevard Saint-Michel, 6e
M° Cluny-La Sorbonne ou Saint-Michel
Tél. 01 44 41 88 88 • www.gibertjoseph.com
Ouvert du lundi au samedi de 10h à 20h

Imports. Gibert Joseph est à la fois généraliste et spécialiste. Au sous-sol, tous les genres sont défendus à des prix raisonnables par des vendeurs aussi passionnés que pointus : du rock à la soul, de la pop au hip hop et du reggae au hard, avec un rayon "rock indépendant" qui regroupe toute la production post punk et new wave d'après 1977. Dans la catégorie "pop-rock", comptez en moyenne 9 € pour un disque neuf et 6,50 € pour une occasion. Le fonds de catalogue est traité au même titre que les nouveautés et réapprovisionné plusieurs fois par semaine. Autre point fort de Gibert Joseph : les disques d'importation, véritable culture maison qui représente jusqu'à 20 % du chiffre d'affaires, avec des arrivages en provenance des États-Unis, du Japon, d'Australie et d'Europe. Un choix de magazines musicaux complète l'offre éclectique du magasin, où une visite régulière s'impose à tout amateur de rock digne de ce nom. Le lieu est d'ailleurs régulièrement fréquenté par des célébrités cathodiques, dont nous tairons l'identité par discrétion…

Silly Melody

14, boulevard Saint-Michel, 6e • M° Cluny-La Sorbonne ou Saint-Michel
Tél. 01 56 24 05 55 • www.sillymelody.com
Ouvert du lundi au jeudi de 10h à 20h,
vendredi et samedi de 10h à 21h, le dimanche de 14h à 19h

Family Rock. À l'étage de cette boutique familiale (le père vend des livres et Kimo, sa fille, s'occupe du rayon disques), le vinyle d'occasion et collector règne en maître incontesté.

La devise maison ? “Tout le bon dans tous les styles.” À part la musique classique, tous les genres sont accessibles, du rap au reggae ou à l’electro (liste non exhaustive), et, pour ce qui nous occupe en priorité, du rock seventies au punk et de la new wave au rock indé. Pendant que *Let It Bleed* tourne sur la platine, on fouille dans les bacs de 33-tours (à partir de 12 €) ou de singles, on fait le plein de pochettes plastique pour protéger ses vieux vinyles agressés par les années (8 € les 50 pour 33-tours), on complète sa collection de badges et de tee-shirts ou on s’offre *Les Coins coupés*, le livre de Philippe Garnier, ex-plume légendaire des grandes années du mensuel *Rock&Folk*.

Black Cherry Blues

15, rue Chaptal, 9e • M° Blanche ou Pigalle
Tél. 01 44 53 61 16
Ouvert du mardi au vendredi de 11h à 13h30 et de 14h30 à 18h45,
le samedi de 14h30 à 18h45

Toute la musique que j’aime. C’est un roman de l’écrivain américain James Lee Burke qui a donné son nom à ce disquaire installé depuis 1996. Black Cherry Blues propose d’ailleurs des polars et de vieilles éditions de la Série Noire de Gallimard, sous couverture rigide vintage. Mais l’essentiel est ailleurs : dans le large choix de vinyles et de CD consacrés à la musique américaine, entre blues, soul, rhythm and blues, rock’n’roll, funk et gospel. Le credo du patron tient en quelques mots : proposer à sa clientèle “de bons disques en bon état”, neufs ou d’occasion, vendus de 8 à 30 € pour les vinyles, de 5 à 20 € pour les CD. Quelques revues spécialisées comme *Soul Bag* présentées en vitrine et des affiches d’époque du Chicago Blues Festival font office de déco : ici, c’est l’authenticité et l’amour de la musique qui priment, pas la frime.

Illogicall-Music

63, rue Blanche, 9e • M° Blanche ou Place-de-Clichy
Tél. 01 45 26 35 59 • www.illogicall-music.fr
Ouvert du mardi au samedi de 12h à 19h

Promos radio. Spécialiste des disques de collection et des disques d'or, Illogicall-Music se consacre à la chanson française et à Mylène Farmer, l'une des vedettes maison. “Quel rapport avec le rock, bon sang ?” s'exclamera le lecteur, et il aura bien raison... Mais, si jamais il passe par Pigalle, territoire de prédilection des magasins de musique, pour s'acheter un jeu de cordes de rechange pour sa guitare, il pourra toujours jeter un œil aux quelques bacs consacrés à la pop et au rock. Il y trouvera des collectors en tout genre – du maxi inédit au CD de promotion envoyé aux radios avant la sortie d'un album – d'artistes comme PJ Harvey, Placebo, les Stones, U2, Depeche Mode, Clapton, Franz Ferdinand et quelques autres.

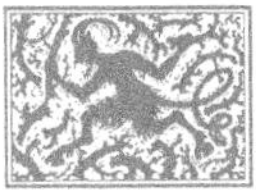

Music Fear Satan

28, rue Rodier, 9e • M° Anvers
Tél. 01 56 92 29 60 • www.musicfearsatan.com
Ouvert du lundi au samedi de 11h à 20h

Sons of Metal. Rejeton d'un site de vente par correspondance et d'un label de production de disques, ce disquaire dont le nom s'inspire de “Mogwai Fear Satan”, un morceau du groupe écossais Mogwai, se consacre au rock indépendant sous toutes ses formes, du black metal au post metal, du punk hardcore à l'ambient, du krautrock au sludge (qui saurait donner une définition du sludge ? Vous dites ? Un métal plutôt lent et gras ? Bravo, bonne réponse). Selon le fondateur du lieu, Nicolas, la matrice de tous ces genres ne serait autre que le groupe Black Sabbath, formation britannique de heavy metal créée en 1968 par Ozzy Osbourne. Seuls les petits labels sont représentés dans cette boutique, sous forme de vinyles (de 12 à 15 € pour un album simple, de 18 à 20 € pour un double) et de CD (entre 12 et 15 €).

Musiques / Musiques

13, rue Gérando, 9e • M° Anvers
Tél. 09 53 53 48 40 ou 06 24 53 48 58
Ouvert du lundi au samedi de 14h à 20h

Original Pressings. Dans sa petite mais élégante boutique tout en longueur, où l'œil accroche une peinture grand format de la pochette de l'album des Stooges *Fun House*, Farid, ancien du magasin de disques parisien Juke Box, s'est spécialisé dans les vinyles importés des États-Unis, où il se rend tous les deux mois. Le bac central propose un large éventail d'albums pop-rock, mais ce sont les étagères qui recèlent les plus belles pièces, entre les pressages originaux américains de disques de rock ou de soul et les pressages audiophiles, notamment les productions du label le plus coté au monde, Original Master Recordings, référence absolue en matière de qualité de son. Quelques splendides et rares coffrets sont soigneusement rangés sous vitrine. Si vous êtes décidé à revenir au vinyle, il est possible de s'acheter une platine sur place.

Plus de bruit

35, rue de La Rochefoucauld, 9e • M° Saint-Georges ou Pigalle
Tél. 01 49 70 08 70
Ouvert du mardi au samedi de 13h à 19h

Rock & BD. Les spécialités de la maison ? Le rock, d'abord, d'Elvis aux White Stripes, qui occupe 90 % des bacs, le reste étant consacré à la soul, au jazz et à la chanson française. Le vinyle, ensuite, qui représente 80 % de la marchandise, en 33-tours comme en 45-tours. Le disquaire, Jean-Paul, qui se définit comme un "brocanteur du disque", rachète vos vieux vinyles (en général, 3 € pièce) et pratique une politique de prix accessibles : 12 € en moyenne pour un album vinyle, 7 € pour une nouveauté en CD, entre 4 et 20 € pour les 45-tours (les singles intéressent surtout les collectionneurs à la recherche de pièces rares et s'écoulent à des prix plus élevés). Plus de bruit est aussi connu pour sa spécialisation en matière de groupes français autoproduits. Enfin, le rock et la bande dessinée attirant souvent les mêmes *freaks*, le rayon consacré au neuvième art ne cesse de se développer.

Ground Zero / Le Calif de Belleville

23, rue Sainte-Marthe, 10e
M° Goncourt, Belleville ou Colonel-Fabien
Tél. 01 40 03 83 08 • www.groundzero.fr
Ouvert du mardi au vendredi de 12h à 20h, le samedi de 11h à 20h

Rock indé & black music. Depuis 2004, Ground Zero ("rez-de-chaussée", en anglais) se consacre avant tout au rock indépendant contemporain, surtout anglo-saxon, tout en proposant un choix de rééditions d'albums rock classiques des sixties aux eighties. L'espace est aéré et les platines vinyles n'attendent que vous pour passer les dernières productions des nouveaux groupes "indé". Disques neufs et d'occasion (entre 8 et 30 €) issus de labels indépendants français ou en import voisinent avec une sélection de livres sur le rock. Dans un coin de la boutique se tient le Calif (sans "e") de Belleville. Kesaco ? Tout simplement un autre disquaire, qui a fusionné avec Ground Zero et se consacre à la musique black, du funk à la soul, du jazz au reggae. Si vous voulez tout savoir, le Calif tient son nom du Club action des labels indépendants français (Calif), une association qui soutient la production musicale et vidéo indépendante.

Music Please

5, rue Jean-Moinon, 10e • M° Goncourt, Belleville ou Colonel-Fabien
Tél. 06 99 14 72 71 • www.musicplease.fr
Ouvert du mardi au samedi de 14h à 20h

Please Please Me. Dans sa petite boutique voisine de Ground Zero et installée en face d'un marchand de jouets pour enfants, Slimène joue depuis cinq ans un rôle de passeur pour ses clients, toujours disponible pour leur faire découvrir toutes les musiques qu'il aime. Chez Music Please, reflet de ses goûts et de ses passions qui englobent la black music et le rock, les genres cohabitent sans esprit de chapelle ni souci d'étiquette. Classés par style musical, par artiste ou par label, les albums (neufs et d'occasion) s'adressent aux collectionneurs comme à ceux qui viennent tout juste de tomber dans la grande marmite du rock. Précision : tous les disques sont vérifiés et nettoyés avant d'être mis en vente dans les bacs. Bien entendu, on peut écouter un album pour s'en faire une idée. On peut aussi s'offrir une platine et un ampli, ou encore des pendules fabriquées maison à partir d'un vieux vinyle, baptisées *vinyl clocks* et illustrées par des photos de musiciens. Et il n'est pas interdit – bien au contraire – de solliciter un conseil, qui risque fort de déboucher sur une conversation passionnée et érudite.

Record Station

13, rue des Récollets, 10e • M° Gare-de-l'Est ou Jacques-Bonsergent
Tél. 06 17 91 39 53
Ouvert lundi, mardi, jeudi et vendredi de 13h à 20h,
le mercredi de 15h30 à 20h, le samedi de 11h à 20h

Station to Station. L'endroit est minuscule, mais il mérite le détour, avec ses murs blancs décorés par les fameuses photos des Beatles signées Richard Avedon et ces affiches suédoises vintage des années 60 au graphisme psychédélique en diable. Ouvert fin 2009, Record Station s'adresse avant tout aux amateurs de pressages originaux américains (surtout) et anglais (un peu) d'albums de rock, de soul et de jazz des années 60 et 70. Quentin, le disquaire, se rend tous les mois aux États-Unis pour en rapporter de belles pièces, à l'image de ce *Black Moses* d'Isaac Hayes, dont la pochette se déplie en forme de croix. Les albums sont proposés entre 30 et 40 €, les disques sont scrupuleusement nettoyés et peuvent, bien sûr, être écoutés avant l'achat. On trouve aussi une sélection de DVD de films de Blaxploitation à 20 €, dont certains interprétés par la jeune Pam Grier d'avant le *Jackie Brown* de Tarantino.

Bimbo Tower

5, passage Saint-Antoine, 11e • M° Ledru-Rollin
Tél. 01 49 29 76 70 • bimbo.tower@free.fr
Ouvert du lundi au vendredi de 13h à 19h, le samedi de 11h à 19h

Rock déviant. Dans une banale entrée d'immeuble, derrière une porte couverte de flyers, se cache un disquaire-libraire spécialisé dans l'underground sous toutes ses formes, qu'il s'agisse de rock ou de graphisme. Depuis 1996, Bimbo Tower est le rendez-vous de tous les amateurs de sons étranges venus d'ailleurs, et notamment du Japon, l'une des spécialités maison. Tout ce qui est déviant, déstructuré, autoproduit, expérimental, obscur – et donc situé dans les marges du système – a droit de cité dans cette minuscule boutique qui se consacre aussi à la production. Noise, electro, hardcore, anarcho punk, garage-psyché, free rock, post metal, post punk... L'endroit idéal pour ouvrir ses oreilles et son esprit !

Born Bad

17, rue Keller, 11e • M° Bastille ou Ledru-Rollin
Tél. 01 43 38 41 78 • www.bornbad.fr • Ouvert du lundi au samedi de 12h à 20h

Born to Be Wild. Fort de la devise "Bad Music for Bad People", Born Bad fournit depuis 1999 tous les amateurs de vrai rock, toutes familles confondues, des années 50 à aujourd'hui, fier de proposer toute la gamme du rock et de satisfaire ceux qui n'ont pas trouvé ailleurs l'objet de leur désir. Au menu : des vinyles neufs et d'occase à des prix raisonnables, des CD, des 45-tours, des DVD, des magazines, des fanzines, des tee-shirts et des expos de peinture ou de photo (à tonalité rock, *of course*). Le plus simple est encore d'aller faire un tour sur le site Internet, complet et bien organisé, qui donne à voir l'ensemble de l'offre disponible. Mais Born Bad, c'est aussi un label de disques qui produit des groupes indépendants dans l'esprit de la boutique et réédite des formations plus ou moins obscures des années 50 à 80. Pour les rock-érudits qui souhaitent briller, non pas dans les dîners en ville mais aux bars des salles de concert, il est bon de rappeler que Born Bad tire son nom d'une compilation des années 80 qui réunissait les versions originales de chansons reprises par les Cramps.

Fargo

42, rue de la Folie-Méricourt, 11e • M° Oberkampf ou Parmentier
Tél. 01 48 05 49 52 • www.fargostore.com
Ouvert du lundi au samedi de 11h à 20h

Eldorado. On se sent bien, chez Fargo. Est-ce l'ambiance feutrée, le décor chaleureux, le fauteuil qui invite à s'asseoir pour écouter tranquillement les nouveautés sur un ordinateur prévu à cet effet ? Ou peut-être les tee-shirts originaux dessinés par des artistes américains ? Ou encore ces superbes affiches de concerts qui donnent une touche singulière à ce disquaire généraliste ouvert depuis début 2010 ? Aux États-Unis, chaque salle réalise en effet ses propres affiches de promotion, confiées à des artistes qui signent ainsi de véritables œuvres d'art en tirage limité. Fargo se veut éclectique, "de Hank Williams à Sonic Youth en passant par l'indie rock actuel". Partisan du passage de témoin entre les générations, Michel, responsable de la boutique et du label Fargo Records (une dizaine de disques produits chaque année), ne dresse aucune barrière entre productions d'aujourd'hui et classiques d'hier. Il organise régulièrement des showcases et édite un magazine tiré à 30000 exemplaires, *Eldorado*, reflet de l'éclectisme de Fargo. Tous les mercredis, de 20h à 22h, il propose un "vinyl happy hour" : l'occasion de boire un verre et de profiter d'une remise de 10 % sur les disques vinyles. L'atmosphère est nettement plus cool que dans *Fargo*, le film des frères Coen...

Rocket Records

1 ter, rue Lacharrière, 11e • M° Saint-Ambroise
Tél. 01 48 06 23 27 • Ouvert du lundi au samedi de 12h à 19h

Titis et Gomina. Après avoir donné un dernier coup de gomina à votre banane, poussez la porte de Rocket Records (clin d'œil à la chanson "Rocket 88" datant de 1951 et considérée par certains comme le tout premier morceau de rock'n'roll) et entrez dans l'autoproclamé "best rockin' shop ever in Paris since '86". Hichem, le big boss de Rocket Records – qui a renoncé à la banane depuis longtemps –, vous guidera à travers les mondes merveilleux du rockabilly, du rock'n'roll, du rhythm and blues, du psychobilly, du doo wop ou du surf, sans oublier la country ni les crooners. Hichem a même fondé son propre label de disques, Sfax Records (hommage à sa ville d'origine et autre clin d'œil, cette fois au label américain de soul music Stax). Ici, les rencontres improbables sont toujours possibles, entre un Américain venu de Los Angeles pour voir Eddy Mitchell en concert, le chanteur du groupe français de rockabilly Be Bop Creek, en perfecto et creepers, ou même Slim Jim Phantom, le batteur des Stray Cats.

UNE MINE DE COLLECTORS

Depuis mai 1984, le **Cidisc** est le lieu de rendez-vous favori des collectionneurs de disques. Les amoureux du vinyle qui aiment fouiller dans des bacs en espérant dénicher la perle rare qui les fait saliver depuis des années ne ratent jamais les trois conventions annuelles de janvier, avril et octobre. Organisé par le mensuel *Juke Box Magazine* et créé en septembre 1984 dans la foulée du succès de la première édition, le Cidisc réunit quelque cent cinquante exposants qui proposent non seulement des disques (le CD est en nette diminution, submergé par le retour en force du vinyle), mais aussi des magazines de musique et autres objets en tout genre, de la carte postale au Teppaz. Au hit-parade des artistes les plus recherchés, on trouve sans surprise les Beatles, les Stones, Elvis ou encore notre Jojo national, mais aussi un chanteur français comme Ronnie Bird, tout ce qui touche de près ou de loin au rock déclenchant la collectionnite. Certes, la moyenne d'âge tourne plutôt autour de 50 ans, les jeunes d'aujourd'hui préférant rester chez eux pour télécharger. M'enfin, les moins jeunes ne bouderont pas leur plaisir : au-delà du rituel de la collection de disques (qui reste plus accessible que l'art contemporain), le Cidisc reste un événement convivial qui favorise échanges et discussions entre passionnés de musique. Ce qui est tout de même plus sympa qu'une banale virée sur Internet.

Cidisc, Convention internationale des disques de collection

Espace Champerret, 17e • M° Porte-de-Champerret
www.jukeboxmag.com

Le Silence de la rue

39, rue Faidherbe, 11e • M° Charonne ou Faidherbe-Chaligny
Tél. 01 40 24 16 16 • lesilencedelarue@wanadoo.fr
Ouvert du lundi au samedi de 11h à 19h30

Éclectique & électrique. Au Silence de la rue, depuis plus de vingt ans, "guitare électrique" rime avec "éclectique". Dans cet espace chaleureux aux murs tapissés de pochettes de vinyles, le rock cohabite avec ses cousins plus ou moins éloignés que sont la soul, le reggae, le blues et le jazz. On ne trouve que du neuf, depuis les classiques indispensables à toute discothèque rock digne de ce nom jusqu'aux sorties récentes, en vinyle (de 12 à 15 € le 33-tours) comme en CD (de 7 à 17 €). Les platines et les lecteurs de CD mis à disposition incitent à l'écoute des disques, tandis que le disquaire se montre disponible pour une discussion passionnée à propos de l'évolution du marché du disque, du retour en force du vinyle (qui représente 60 % de ses ventes) ou du "renouvellement générationnel" de la clientèle rock – autrement dit, la redécouverte des rythmes binaires par les ados d'aujourd'hui.

Souffle continu

20-22, rue Gerbier, 11e • M° Philippe-Auguste
Tél. 01 40 24 17 21 • www.soufflecontinu.com
Ouvert du lundi au samedi de 12h à 20h

Musiques de traverse. Le "souffle continu" est une technique de respiration qu'utilisent les saxophonistes et les trompettistes de jazz pour jouer sans s'arrêter de souffler. C'est aussi, par extension, la volonté des deux fondateurs : contribuer à insuffler une nouvelle dynamique dans le métier de disquaire. Inutile de chercher la production mainstream… "Souffle continu" rime avec "production pointue", du free jazz à la musique contemporaine, du rock indé à la musique industrielle, du free folk au metal ou au punk hardcore. Mais les deux associés, s'ils privilégient les "musiques de traverse", encouragent aussi leurs clients à revenir aux fondamentaux comme Neil Young, Dylan, Coltrane ou le Velvet Underground. Dans un décor très épuré aux lignes élégantes, avec une hauteur de plafond de quatre mètres qui favorise la diffusion du son, ce disquaire-libraire organise plusieurs fois par mois des showcases ou des lectures, propose à ses clients d'écouter les vinyles ou les CD et cherche à dresser des ponts entre les genres musicaux, pour faire de Souffle continu un lieu de découvertes et d'échanges.

Toolbox Records

30, rue Saint-Ambroise, 11e • M° Rue-Saint-Maur ou Saint-Ambroise
Tél. 01 48 05 80 16 • www.toolboxrecords.com
Ouvert du mardi au samedi de 12h à 20h

Medley. Et si l'on parlait un peu… d'electro ? Dans le sillage de groupes fondateurs comme les Allemands de Kraftwerk, l'electro rock a grandi et essaimé pour donner naissance à quantité de styles comme l'electro punk, l'electro indus ou l'electro pop (liste non exhaustive, loin de là). Pour ceux qui auraient du mal à s'orienter parmi ces catégories aux appellations parfois sibyllines, rien de tel qu'un petit détour par Toolbox Records, petite boutique qui prône depuis 1998 le métissage des genres, du rock expérimental au garage, de la new wave au folk (mais oui), ou encore du metal à la… ballade. Ouverture d'esprit et curiosité sont les maîtres mots du fondateur, Chris, qui se fera un plaisir de vous initier aux charmes d'univers musicaux dont vous ne soupçonniez même pas l'existence. Les musiques écoutées chez Toolbox sont assez pointues, et l'endroit compte parmi ses clients bon nombre de DJ. Mais rien ne vous empêche d'y faire un saut pour vous nettoyer les oreilles (du calme, ami lecteur, c'est une métaphore).

Vinyl Office

9, rue Trousseau, 11e • M° Ledru-Rollin
Ouvert du mercredi au samedi de 14h à 20h

Laisse les gondoles au vinyle. Le nom du magasin et les galettes gondolées accrochées en devanture annoncent la couleur : noir, c'est noir, comme les vinyles qui peuplent les rayonnages de cette minuscule échoppe. Authentique boutique de quartier, Vinyl Office ne paie pas de mine, mais privilégie dans ses bacs un certain esprit rock, ce qui est le plus important. La new wave côtoie le punk, le garage voisine avec le psyché, tandis que le rayon "pop-rock" mélange sans complexe John Cale avec Tom Waits, Captain Beefheart avec Leonard Cohen ou Deep Purple. Curiosité locale : un bac estampillé "Gonzesses/Chicks" (*chicks*, terme en vogue dans l'Amérique des années 60, pouvant se traduire par "poulettes"). La formulation est peut-être un peu cavalière, mais les défenseurs de la parité rock seront satisfaits.

Zic et Bul

76, avenue de la République, 11e • M° Rue-Saint-Maur
Tél. 01 43 57 64 36
Ouvert du lundi au samedi de 10h15 à 19h30

L'Oreille casée. À ma gauche, le rock. À ma droite, la bande dessinée. Au centre, un disquaire et un libraire qui ont décidé d'associer leurs passions en 2005 pour ouvrir cette boutique où rock et BD se déclinent sur tous les tons : CD et vinyles, albums et figurines, planches originales au sous-sol et objets divers, comme cet immense fétiche arumbaya tout droit sorti de *L'Oreille cassée* qui trône au-dessus du comptoir. Les groupes et artistes des années 60 et 70 occupent l'essentiel des bacs, la période 1965-1973 étant considérée par le disquaire comme l'âge d'or du rock. Les vinyles, plus nombreux que les CD, sont en pressages d'origine et au format 33-tours (seuls quelques 45-tours des Beatles et de Gainsbourg se faufilent entre les albums). Le prix moyen, collectors mis à part, tourne autour de 30-40 €. Le client type a plutôt le profil du connaisseur : bon nombre d'anciens possesseurs de vinyles qui ont eu la mauvaise idée, dans les années 80, de les jeter à la poubelle pour passer au CD viennent reconstituer leur défunte collection, mais les "djeuns" sont les bienvenus et obtiendront tous les conseils qui leur permettront de bâtir leur discothèque idéale.

« Je suis arrivé à Paris pour mes 20 ans, en 1990. J'en rêvais depuis 1984, date du "Paris" de Taxi Girl, ma chanson préférée de tous les temps. "Alors fais attention, et marche dans les rues, va au hasard, à n'importe quel coin de n'importe quelle rue, tu rencontreras n'importe quel type, qui te proposera n'importe quoi..." Les types que je rencontrais, c'était les disquaires : j'ai découvert les quartiers parisiens en faisant les magasins de disques. Je les ai tous fouillés, méthodiquement, pendant dix ans, le Rideau de Fer, Parallèles, Crocodisc, Monster Melodies, Goodies Records, Exodisc, et j'ai continué, jusqu'à Internet. Aujourd'hui, je connais parfaitement Paris, alors c'est sur des sites que je récupère toutes sortes de MP3 – même s'il m'arrive encore d'aller à Bedisc, pour acheter des pochettes de vinyles. Un lieu rock seventies où je me rends toujours régulièrement, c'est l'Accattone. La salle est belle, la programmation méthodique, j'y vois ou revois des Fassbinder, Kaneto Shindo, Pasolini, Ken Russell... Par contre, je ne vais plus à l'Arapaho, ni au Pulp, ni à l'Erotika. Ils ont fermé boutique, et de toute façon on ne peut plus fumer dans les clubs, les concerts et les bars. Il reste Point Éphémère et ses berges, le trottoir du Petit Monaco ou la Cantine de Belleville, sa cave, ses lives, sa terrasse, sa bière, sa programmation, ses consommations... Et ses déchets. "On arrive toujours par erreur, par hasard, et trop tard. Et la poubelle est pleine depuis si longtemps qu'il n'y a plus de place pour nos déchets à nous. C'est Paris, ville de nos rêves." Un dernier truc, assez rockabilly : j'adore marcher dans les rues de Paris, même s'il n'y a rien à faire. »

BENOÎT SABATIER, RÉDACTEUR EN CHEF ADJOINT DE "TECHNIKART" ET AUTEUR DE "CULTURE JEUNE, L'ÉPOPÉE DU ROCK" (FAYARD/PLURIEL)

→ L'Accattone • 20, rue Cujas, 5e

→ Le Petit Monaco • 28, rue de Picardie, 3e

→ La Cantine de Belleville • 108, boulevard de Belleville, 20e

Best Ouest

84, rue de l'Ouest, 14e • M° Pernety
Tél. 09 53 97 95 05 ou 06 88 09 06 13
Ouvert du lundi au samedi de 10h à 20h

Big Bazar. Peuplée de figurines en plastique et en tout genre, la vitrine tient plus de l'inventaire à la Prévert que de la devanture d'un disquaire : un Schtroumpf, un Simpson, un Spiderman... mais toujours pas de raton-laveur. Ah si ! là, dans un coin, on aperçoit un cadre avec des photos des Beatles. Allez, on pousse la porte, histoire de voir. À l'intérieur, les bouquins, les disques, les DVD et les cassettes vidéo s'entassent jusqu'au plafond ou sont empilés dans des... cartons à bananes (on entend d'ici les cris d'horreur du collectionneur). Mais l'amateur de rock n'a peur de rien : le voilà qui retrousse les manches de son perfecto et se décide à fouiller. Bilan : une grosse majorité d'albums des années 70 stockés dans un certain désordre (doux euphémisme) et pas toujours en bon état (doux euphémisme, bis). Certains ont même perdu leur pochette en route... Heureusement, l'accueil est agréable, l'ambiance plutôt conviviale, et il est possible de discuter les prix, qui démarrent à 1 € mais ne sont pas indiqués sur les pochettes (8 € en moyenne pour les vinyles, 5 € pour les CD). Si vous passez par hasard dans le quartier, pourquoi pas ?

Boulinier Jourdan

14, boulevard Jourdan, 14e • RER Cité-Universitaire
Tél. 01 45 80 98 42 • www.boulinier.com
Ouvert du jeudi au samedi de 10h30 à 20h30,
du dimanche au mercredi de 14h à 20h30

Rock en stock (bis). Plus aéré que le Boulinier du Boul' Mich' (voir p. 16), celui du boulevard Jourdan offre le grand mérite de classer les albums de rock par ordre alphabétique. On trouvera surtout la production des années 70, proposée entre 4 et 8 € pour les vinyles et entre 3,50 et 6,50 € pour les CD (jusqu'à 12 € pour les pièces plus rares), sans oublier les 45-tours à 1 €. On peut aussi vendre ses disques, à condition de ne pas chercher à faire fortune : les CD sont repris entre 20 centimes et 1 €, les 33-tours entre 10 et 50 centimes. Les horaires sont pratiques et les bonnes affaires toujours possibles, comme ce premier album vinyle de Carlos Santana en excellent état à 6 €. Mais la boutique, accessible seulement en RER et par le tramway, est située au bout du monde et propose un choix de disques somme toute assez limité. À moins d'être étudiant et de loger à la Cité Universitaire, de l'autre côté du boulevard, on réfléchira à deux fois – ou l'on profitera du temps libre offert par une journée de RTT – avant de venir fouiller dans ces quelques bacs consacrés au rock.

Crazy Rock Circus

83, rue de la Tombe-Issoire, 14e • M° Alésia
Tél. 01 40 47 60 25
www.crazyrockcircus.com • www.crazyrockcircus.net
Ouvert du mardi au samedi de 10h30 à 13h30 et de 14h30 à 19h

Crazy Little Thing Called Rock. Chez Crazy Rock Circus, le disquaire ne se contente pas de connaître la musique : il est aussi le quasi-sosie de Keith Richards et porte la même bague à tête de mort (et l'authentique, en plus, estampillée de la marque anglaise Crazy Pig), ce qui ne peut que mettre en confiance le visiteur, surtout s'il est amateur des Stones. Crazy Rock Circus a ouvert ses portes en 2009 dans une configuration originale : une pièce est consacrée aux disques et aux livres, l'autre, à une sélection de guitares et d'amplis neufs et d'occasion, tandis que l'entrée est décorée d'affiches à la gloire de quelques grands noms du rock. Comme tous les disquaires indépendants, la boutique fait la part belle aux vinyles et aux 45-tours de collection, même si quelques CD neufs sont disponibles, surtout quand il s'agit de belles rééditions. La "grande famille du rock" dans toutes ses composantes est à l'honneur, ce qui inclut le blues et la country, mais aussi la soul et le reggae, avec une forte dominante seventies. Quant aux guitares, elles s'adressent au débutant qui rêve de ressembler à Keith Richards comme au collectionneur amateur de belles pièces, soit une gamme de prix de 100 à… 22000 € (bague Crazy Pig non comprise).

C'EST LA FOIRE !

Le week-end, le parc Georges-Brassens est réservé aux bouquinistes. Alors, depuis 2009, quelque vingt-cinq disquaires professionnels se réunissent quatre fois par an le jeudi (sauf le 11 novembre 2011, qui tombe un vendredi) pour organiser une mini-convention du disque. L'entrée est gratuite, le vinyle est à l'honneur (on trouve même des 78-tours), et le rock aussi.

Parc Georges-Brassens, Petite Halle aux Chevaux

104, rue Brancion, 15e • M° Porte-de-Vanves

Jeudi 22 septembre et vendredi 11 novembre 2011, de 9h à 18h

Tél. 06 14 75 83 69

Rock Paradise

42, rue Duranton, 15e • M° Boucicaut

Tél. 01 45 58 40 30 • www.rockparadise.fr

Ouvert le lundi de 14h à 18h30, du mardi au samedi de 11h à 13h et de 14h à 18h30

Bijou bijou. Installée rue Bailleul dans les années 90, Rock Paradise a rouvert en 2005 dans l'une des artères les moins rock'n'roll de la capitale. Heureusement, le fondateur de la boutique, Patrick Renassia, connaît bien son sujet : il fut le président du fan-club du groupe français Bijou à sa grande époque, à la fin des seventies et au début des eighties. Les nostalgiques doivent savoir que Bijou existe toujours sous le nom de Bijou SVP, mais que seul Dauga, le bassiste, est encore là, Palmer, le guitariste, s'étant reconverti dans le journalisme à *Rock&Folk* et Thoury, parolier et producteur, écrivant aujourd'hui dans *Juke Box Magazine*. Et le batteur, Dynamite ? Mystère… Rock Paradise continue de creuser le sillon du rock des années 50 à 70, avec une petite incursion dans les années 80. Soit, en gros, du rock'n'roll au punk et à la new wave. Les deux drapeaux, anglais et américain, donnent le ton de la boutique, spécialisée dans les disques collector en très bon état (en vinyle, de préférence). L'endroit attire une clientèle de collectionneurs fidèles, mais aussi de lycéens, qui y trouvent tous les conseils indispensables pour une initiation au rock et à son histoire. En bonus, Rock Paradise a lancé son label en 2008, sur lequel sortent un ou deux albums par mois, et organise showcases, cocktails et dédicaces dans la boutique. De quoi faire bouger la sage, trop sage rue Duranton.

Triode & Compagnie

23, boulevard de l'Yser, 17e • M° Porte-de-Champerret
Tél. 01 45 74 69 30 • www.audio-note.com
Ouvert du mardi au samedi de 14h à 19h30

Écoutez la différence. L'endroit ressemble plus à un auditorium qu'à un magasin de disques habituel. Dès l'entrée, on est saisi par la qualité du son, le décor épuré et l'atmosphère de quasi-recueillement qui se dégage du lieu. Triode & Compagnie s'est spécialisé dans le disque audiophile réalisé à partir des bandes d'origine. La musique classique et le jazz sont privilégiés, mais on y trouve tout de même quelques albums de rock produits par les labels Speakers Corner et Classic Records (qui a cessé son activité), comme ce coffret du triple live de Hendrix à Woodstock (120 €), le *Songs in the Key of Life* de Stevie Wonder (52 €) ou des 33-tours des Who, d'Elton John, de Neil Young ou d'Elvis à 27 €. Ce qui n'est pas excessif, compte tenu de la texture sonore exceptionnelle et du prix du même album en format CD. D'ailleurs, si vous avez envie de vous faire une idée plus précise de la qualité audiophile, vous pouvez apporter vos propres vinyles pour comparer, bien installé sur le canapé, en face des deux grandes enceintes.

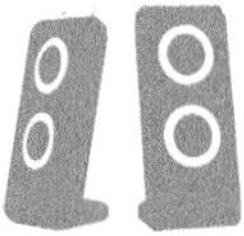

Lenox Records

138, rue Legendre, 17e • M° La Fourche ou Brochant
Tél. 01 42 28 02 45 • lenox.records@free.fr
Ouvert lundi, mardi et du jeudi au samedi de 11h30 à 19h30

Merde in France. Chez Lenox Records, ainsi baptisé en hommage à une avenue de Harlem, le temps s'arrête au milieu des années 60. Au-delà, point de salut : seules les années 1945 à 1965 trouvent grâce aux yeux des fidèles de ce disquaire spécialisé dans le rock'n'roll, le blues, la country et la early soul. Les murs méritent à eux seuls le déplacement. Couverts de photographies (dont certaines sont dédicacées par des légendes du rock comme Gene Vincent), d'affiches et de pochettes de disques, ils sont un hommage vibrant à tous ceux qui ont forgé l'histoire de ces musiques – Jerry Lee Lewis, Lightnin' Hopkins, Johnny Cash, Little Richard, Chuck Berry, Screamin' Jay Hawkins ou Elvis. On trouve aussi quelques vêtements (blousons, chemises, santiags) à côté des vinyles et des CD rangés dans les bacs. Mais ne cherchez pas de groupes qui chantent en français. "Ça rend sourd !" s'exclame Luc, le patron, qui se consacre aussi à la production avec son label Lenox Records, sur lequel il produit des formations comme les bluesmen de Bo Weavil Blues Band. Des Français, oui, mais qui chantent en anglais...

Exodisc

70, rue du Mont-Cenis, 18e • M° Jules-Joffrin
Tél. 01 42 23 39 40
Ouvert du mardi au samedi de 12h à 20h

Bizzarre, vous avez dit bizzarre ? "Exodisc", voilà qui rimerait presque avec "exotique"... Exotique, comme tous ces lieux parisiens tenus par des passionnés qui continuent de défendre vaille que vaille le rock et sa culture, à l'image de Larry Debay. Le gaillard trimballe un passé qui parle pour lui : dans les années 60, il faisait partie de ces Français qui se rendaient régulièrement en Angleterre, où il lança une société baptisée Bizzarre (avec deux "z" et deux "r") qui distribuait les disques d'artistes comme les Buzzcocks, Television ou Patti Smith. Copain de Marc Zermati, le fondateur de la mythique boutique parisienne l'Open Market, il importait en Angleterre la production de son label Skydog et a collaboré avec lui sur les deux festivals punks de Mont-de-Marsan. Aujourd'hui, installé avec sa femme dans sa petite boutique ouverte en 1983, il continue de militer en faveur du rock sous toutes ses formes, attaché à faire d'Exodisc un lieu de rencontres et fier d'annoncer que certains de ses clients ont formé des groupes après s'être rencontrés chez lui. Au fait, que trouve-t-on chez Exodisc ? Du rock et pas mal de soul, du reggae et du funk, de la new wave et du blues, des classiques et des productions contemporaines, le tout disponible en vinyles et en CD neufs ou d'occasion.

Le Rideau de Fer

12, rue André-del-Sarte, 18e
M° Château-Rouge ou Barbès-Rochechouart
Tél. 01 42 55 66 40
Ouvert du mardi au samedi de 12h30 à 19h

Comics trip. Depuis son ouverture en 1982, le Rideau de Fer était un bric-à-brac de disques et de bandes dessinées stockés du sol au plafond. Depuis qu'Olivier et Olivier, les deux associés, ont repris et rangé la boutique (qui a bien failli, enfer et damnation, devenir un magasin de fringues !), l'espace est plus aéré. Désormais, il est même possible de circuler entre les bacs sans risquer de les voir s'effondrer... Pour le reste, l'esprit du lieu n'a pas changé. Le Rideau de Fer se partage toujours entre disques (surtout) et BD, les prix n'ont pas bougé (environ 8 € l'album simple et 12 € le double, de 1 à 3 € le 45-tours), et tous les styles de rock se côtoient, du garage au rock australien, du rockabilly au rock français, le tout relevé d'une pointe de blues (les racines, *man*, les racines !), de soul, de funk, de rap et de world. Ah si ! il y a quand même du neuf : les nouveaux responsables du Rideau ont ressorti le stock de vinyles qui dormait dans l'attente de clients. Vous êtes encore là ? Mais foncez, bon sang ! Il y a sans doute des pépites qui vous tendent les bras !

Bedisc

4, rue des Grands-Champs, 20e • M° Avron ou Buzenval
Tél. 01 40 09 04 05
Ouvert du lundi au vendredi de 12h30 à 19h, le samedi de 10h à 19h

I'm a King Bee. Des disques vinyles, des CD, des figurines des Beatles, de la bande dessinée et même un disque d'or de Tina Turner (500 €) : on trouve de tout chez Bedisc. Il faut juste prendre le temps de fouiller et de bien regarder les étiquettes car les prix varient selon des critères pas toujours évidents à déchiffrer. Ne pas oublier de faire un tour à l'étage : arrivé en haut de l'escalier (attention, il est étroit), on entre dans une petite pièce remplie de vinyles, où l'on allume soi-même la lumière avant de fouiller dans les bacs. Il y a même une platine, si l'envie vous prend d'en écouter un tout en jetant un œil à la grande affiche de Santana placardée sur le mur. N'hésitez pas à demander ni à négocier les prix : dans cette boutique en activité depuis 1989, on se montre à l'écoute du client, et on n'hésitera pas à vous proposer une remise.

Nostalgia

2, rue Planchat, 20e • M° Avron ou Buzenval
Tél. 01 43 56 00 00
Ouvert du lundi au samedi de 12h à 19h

Classic rock. Si l'on précise d'emblée que ce disquaire est l'un des lieux de rendez-vous des fans de Mylène Farmer, le lecteur risque de prendre ses jambes à son cou. Ce serait dommage : depuis quelques années, Nostalgia, après s'être longtemps consacré aux seuls chanteurs français, s'est aussi spécialisé dans les 33-tours de groupes de rock en pressage d'origine et dans les EP's (chez nous, on appelait ça des "maxi 45-tours"). Le rayon est plutôt bien fourni, même s'il se concentre sur les valeurs sûres comme les Beatles et celles dont raffolent les lycéens du quartier qui découvrent les grands classiques du genre. Les prix varient de 20 à 150 € pour les albums et peuvent grimper très haut pour les singles (collectors obligent). Les admirateurs de Gainsbourg, autre coqueluche des jeunes clients de Nostalgia, trouveront de quoi nourrir leur passion, tout comme les amoureux de Johnny (ça existe, nous en connaissons) et les amateurs de bandes originales de films.

2

Black is Black

Soul, funk, disco, hip hop… Pas très rock'n'roll, tout ça ? Sans doute. Mais les amateurs de rock savent bien tout ce que leur musique favorite doit aux vertus du métissage, à l'influence des musiciens noirs et à ses croisements avec la soul ou le funk – le fameux *crossover*. Sans même parler de l'importance séminale (comme disent les rock critics) du blues et du rhythm and blues.

Hip Hop-Soul

163, rue Saint-Martin, 3e • M° Étienne-Marcel ou Rambuteau
Tél. 01 48 87 30 01
Ouvert du lundi au samedi de 12h à 20h

Soul Survivor. Les temps sont durs pour les boutiques spécialisées en black music. Aux États-Unis, les légendaires magasins Fat Beats de New York et de Los Angeles ont fini par jeter l'éponge en 2010 pour se consacrer à la seule vente en ligne. À Paris, Sound Record, installé aux Halles depuis 1988, vient de fermer ses portes, et Hip Hop-Soul (alias Samad Records) ne sait pas combien de temps encore il portera la bonne parole funk, soul et rap. En attendant, on peut toujours profiter de son choix d'albums vinyles neufs (de 15 à 20 €) ou d'occasion (10 €) et de ses maxis (8 € le maxi de funk, 20 € les trois maxis de hip hop).

Superfly Records

53, rue Notre-Dame-de-Nazareth, 3e
M° Temple ou Strasbourg-Saint-Denis
Tél. 01 44 61 06 07 • www.superflyrecords.com
Ouvert du mardi au samedi de 12h à 20h

Saga Africa. La spécialité de la maison, ouverte en 2009 ? La musique noire sous toutes ses formes. La soul, le funk, le jazz et d'innombrables genres répertoriés sur la carte de visite de la boutique, mais aussi celle venue des tropiques et d'Afrique de l'Ouest. Le vinyle règne en maître, l'essentiel de l'offre concerne les années 60 à 80, et Superfly Records privilégie les disques que l'on ne trouve nulle part ailleurs – en musique africaine, notamment – grâce à un réseau de fournisseurs locaux qui dénichent les perles rares. Mais il y a du rock, tout de même. Pas beaucoup, c'est vrai : quelques bacs de 33-tours (de 12 à 30 ou 40 € en fonction de la rareté, du pressage ou de la demande), des bacs de soldes pas toujours en très bon état, des 45-tours (à partir de 6 €) et des rééditions récentes. L'endroit est spacieux et plutôt agréable, décoré par des affiches sur lesquelles les Who côtoient Dexter Gordon et des reproductions de pochettes signées par un artiste ghanéen. Superfly Records produit aussi des artistes sur son label et organise des soirées qui mêlent DJ et projections de films.

Baron Samedi

12, rue des Goncourt, 11e • M° Goncourt
Tél. 01 43 57 31 58 • www.aubaronsamedi.fr
Ouvert du lundi au samedi de 18h à 2h

Soul Brother. Les bars rock, c'est bien joli, mais Paris n'en manque pas. Et si j'ouvrais plutôt un bar dédié aux musiques afro-américaines ? Voilà, en substance, ce que s'est dit en 2006 le fondateur du Baron Samedi, "african-american roots music bar". Il organise un Soul Quizz le mardi soir et des cours gratuits de rock'n'roll et de swing deux lundis par mois. Le vendredi et le samedi, un DJ programme du rhythm and blues et de la early soul, relevés d'une pointe de reggae roots, de ska, de blues, de rock'n'roll et de country. Bref, Baron Samedi vit au rythme de la musique afro-américaine du Sud des États-Unis, ce qui ne l'empêche pas de diffuser du rock des années 50 et 60, à condition qu'il soit mâtiné de black music.

Betino's Record Shop

32, rue Saint-Sébastien, 11e • M° Saint-Sébastien-Froissart
Tél. 01 43 14 61 34 • www.betinos.com
Ouvert du lundi au samedi de 13h à 20h

Black and Blue. Betino's Record Shop offre un choix de nouveautés, de raretés et de premières éditions en soul, funk, jazz, hip hop, disco, reggae et musique africaine. Mais le rock n'est pas négligé pour autant, et plusieurs bacs de 33-tours d'occasion proposent des albums des années 70 en pressages d'origine (anglais, américain ou français). L'accueil est sympa et les prix variables (entre 10 et 30 €). On regrette seulement que les pochettes ne soient pas toujours en excellent état.

Music Avenue

10, rue Paul-Bert, 11ᵉ • M° Faidherbe-Chaligny
Tél. 01 40 24 16 20 • www.myspace.com/musicavenueparis
Ouvert du mardi au samedi de 12h à 20h

À fond le funk ! Music Avenue est un disquaire spécialisé dans la black music, mais pas seulement : on y trouve aussi tout ce dont peut avoir besoin un musicien, des instruments au home studio et à la platine vinyle. Quant à François, le gérant, il est disquaire, mais pas seulement : sous le pseudo de Deejay MaZ, il est aussi compositeur et animateur de soirées avec son groupe, le Paris Funk Orchestra. Quand il reste sagement derrière son comptoir en attendant de faire le DJ, il se transforme en promoteur infatigable de la musique noire sous toutes ses formes, bien décidé à favoriser sa reconnaissance dans un pays encore trop ignorant en la matière. Pour lui, le disquaire joue un rôle social et sert aussi à favoriser les rencontres. Et il est très fier de dire que Tony Cook, l'un des batteurs de James Brown, lui a fait l'honneur un jour de pousser la porte de Music Avenue.

Barber Shop

68, avenue de la République, 11ᵉ • M° Parmentier
Tél. 01 47 00 12 85 • www.barbershop-paris.com
Ouvert du lundi au samedi de 9h à 2h, le dimanche de 12h à 18h

Hip Hop Food. Ce restaurant ouvert en 2009 est tenu par des adeptes de la street culture qui se retrouvent autour d'une passion commune : le hip hop, ce qui ne les empêche pas de programmer en semaine d'autres musiques, et même... du rock ! Le vendredi, le samedi et le dimanche à l'heure du brunch, des DJ officient aux platines et passent surtout du hip hop, du funk et de la soul, mais aussi du bon vieux reggae jamaïcain.

Groove Store

29, rue des Dames, 17e • M° Place-de-Clichy
Tél. 09 51 76 75 84 • www.groove-store.com
Ouvert du lundi au samedi de 12h à 20h

Sweet Home Chicago. Petit par la taille (tout petit, même), grand par sa passion de la musique, Groove Store est spécialiste de black music, de la soul au funk et du jazz au rap. Et le rock, dans tout ça ? Eh bien, il n'est pas oublié. Il aurait même tendance à prendre de l'importance – sous réserve du peu de place disponible – pour répondre à la demande des lycéens du quartier. Le fondateur de la boutique s'est installé à Chicago, d'où il expédie régulièrement des albums de rock d'occasion en pressage américain – plutôt des classiques – que l'on retrouve dans les bacs, proposés entre 10 et 20 € (avec des promos à 6 € l'unité et le sixième disque offert). Bon, c'est vrai, les pochettes ne sont pas toujours dans un état flambant neuf... Mais il ne faut pas hésiter à demander à écouter les disques : la platine est là pour ça, posée sur le comptoir et en libre-service. Chez Groove Store, le maître mot est "convivialité" : les habitués comme les néophytes sont invités à partager leur passion de la musique.

B-Side

38, rue Hermel, 18e • M° Jules-Joffrin ou Simplon
Tél. 06 20 44 41 72
Ouvert du lundi au samedi de 13h à 21h

Listen to the Right Thing. B-Side ("Face B" en VF), c'est le nom d'un magasin de disques de la rue de Brooklyn où a été tourné le film de Spike Lee, *Do the Right Thing*. C'est aussi le nom de cette petite boutique tenue par Momo, entièrement consacrée à la soul et au funk des années 70 et 80, à la disco, à la house et au hip hop. Le week-end, Momo est présent dans son magasin de disques des puces de Saint-Ouen, à l'angle de la rue du café A. Picolo (voir p. 49).

Reggae

On entend déjà râler les puristes : le reggae, ce n'est pas du rock ! D'accord, d'accord... Mais le reggae, comme le rock, a donné naissance à d'authentiques rebelles, et des musiciens comme John Lennon ou Keith Richards se sont entichés de cette musique dans les années 70. Sur YouTube, on peut d'ailleurs voir Mick Jagger, cravaté et plus cabotin que jamais, chanter "Don't Look Back" en duo avec Peter Tosh. Donc, "reggae" rime aussi avec "respect"...

Patate Records

57, rue de Charonne, 11e • M° Ledru-Rollin ou Charonne
Tél. 01 48 06 58 11 • www.patate-records.com
Ouvert du mardi au samedi de 13h à 19h

One (Dub)step Beyond. Comme son nom ne l'indique pas, la maison est spécialisée dans le reggae. Le fondateur de Patate Records, tombé dans le reggae à cause du groupe Madness dans les années 70, balaie tout le spectre du genre et de ses cousins, du ska au dubstep, du rub-a-dub à l'afrofunk, sur fond de murs couverts de 45-tours à la mode jamaïcaine, avec leurs pochettes en papier aux lettrages colorés. Pour préparer votre prochain voyage à Kingston, commencez par faire un tour chez Patate Records !

Dub Wize

60, rue Hermel, 18e • M° Simplon ou Jules-Joffrin
Tél. 01 46 06 01 03 • www.dubwize-records.com
Ouvert du lundi au samedi de 11h à 16h, le dimanche de 13h à 20h

Jah for ever. C'est écrit sur la devanture peinte aux couleurs jamaïcaines : "Disquaire reggae". Il est même précisé, si besoin était, "Strictly Jah Music". Dub Wize se consacre au reggae depuis 1992. Quand on l'interroge sur sa musique favorite, le disquaire tient un discours plutôt pessimiste en raison du manque de salles parisiennes et des difficultés rencontrées par l'artisanat du disque en Jamaïque. Ce qui ne l'empêche pas de continuer à se consacrer à sa passion, qu'il décline en vinyles neufs à destination d'une clientèle de rastas en herbe.

3

Rock in the puces

Porte de Saint-Ouen

Souvenez-vous : dans les années 80, le groupe français Les Civils chantait "La crise économique, c'est fantastique / La décadence, c'est la bonne ambiance". Depuis, la crise a rattrapé les puces, le client se fait plus rare et moins dépensier, bref, ce n'est plus vraiment la bonne ambiance. Malgré ce contexte morose, les puces n'ont pas dit leur dernier mot. Du côté du marché Dauphine, on constate même un regain d'énergie typiquement rock'n'roll. Au premier étage, un Espace Musique rassemble plusieurs stands et une association, la MOP (pour "Music o' Puces"), constituée à l'initiative d'Hugues, de Sounds Good, d'Hervé (alias le Yéti) et du patron du café A. Picolo, est bien décidée à faire revivre la tradition musicale des puces en organisant, entre autres réjouissances, une convention du disque (première édition en juin 2011). *Keep on rockin' !*

■ Marché Dauphine

Sounds Good

Stand 270 (1er étage) • 132-140, rue des Rosiers • 93400 Saint-Ouen
M° Porte-de-Clignancourt ou Porte-de-Saint-Ouen
Tél. 06 80 10 82 81 • soundsgood2me@free.fr
Ouvert samedi et dimanche de 9h à 18h

High Fidelity. Tous les mois, dans *Rock&Folk*, Hugues Cornière passe en revue les objets du rock, des vêtements de légende aux accessoires cultes. Le week-end, depuis 2006, il tient boutique aux puces de Saint-Ouen pour une clientèle d'audiophiles. Chez Sounds Good, haut lieu de la "reproduction sonore hétéroclite", ils trouveront tout le matériel sonore dont ils peuvent rêver : Revox, Thorens, Nagra, Schlumberger ou Elipson, marque d'enceintes légendaire créée en 1938 et qui fait toujours les délices des amateurs de son haute-fidélité. Platines vinyles (de 100 à... 3000 €), amplis, tables de mixage, matériel de prise de son ou encore synthétiseurs Korg encombrent les rayons, pour le plus grand bonheur des collectionneurs, qui s'ébahiront devant des curiosités comme cette platine jadis utilisée à Radio France ou l'installation hi-fi de... Gérard Philipe. Les néophytes peuvent s'initier au vinyle avec un "pack découverte" à 650 €, composé d'une chaîne complète datant des années 70 avec platine, ampli, tuner et lecteur de cassettes.

Cédric

Stand 269 (1er étage) • 132-140, rue des Rosiers • 93400 Saint-Ouen
M° Porte-de-Clignancourt ou Porte-de-Saint-Ouen
Ouvert samedi et dimanche de 9h à 18h

Bontempi orange & Yellow Submarine. Voilà un stand des puces tel qu'on les aime, où l'on trouve un joyeux bric-à-brac d'objets en tout genre consacrés à la culture rock, période sixties/seventies. Soit, en vrac et dans le désordre : des cassettes vidéo (10 € pour le *Yellow Submarine* des Beatles), de petites radios Philips, un Bontempi orange (couleur typique des 70's) à 20 €, de vieux téléphones gris à cadran, une affiche du film *La Planète des monstres* ou des vestes M65, accessoire devenu furieusement tendance auprès des aficionados de rock et de rap. Et des disques, bien sûr, qui constituent le fonds de commerce du lieu, avec des singles à partir de 2 € et des 33-tours à partir de 15 €. Sur l'un des murs, une photographie intitulée *Vinylothèque, 2010*, imprimée sur toile, rend hommage à cet objet sacré qu'est le vinyle.

Pastime Paradise

Stand 229/223 (1er étage) • 132-140, rue des Rosiers • 93400 Saint-Ouen
M° Porte-de-Clignancourt ou Porte-de-Saint-Ouen
Tél. 06 99 29 09 05 (Zoran) ou 06 86 72 06 74 (JP)
Ouvert samedi et dimanche de 9h à 18h

Black and White. Le nom de ce disquaire est bien sûr un hommage à la chanson de Stevie Wonder "Pastime Paradise", issue du double album *Songs in the Key of Life*. Les bacs se partagent pour moitié entre rock, chanson française et bandes originales de films d'un côté et, de l'autre, un choix de black music, de la soul au funk et du jazz au hip hop, le tout à l'intention des collectionneurs comme du touriste de passage, avec des prix qui démarrent à 6 €. Voisin du stand Sounds Good (voir p. 44), Pastime Paradise propose lui aussi une sélection de platines hi-fi, à partir de 50 €.

Play It Again

Stand 268 (1er étage) • 132-140, rue des Rosiers • 93400 Saint-Ouen
M° Porte-de-Clignancourt ou Porte-de-Saint-Ouen
Tél. 06 80 10 82 81
Ouvert samedi et dimanche de 9h à 18h

En avant la zizique ! Trois marchands du marché Dauphine (Hugues de Sounds Good, Cédric et Arnaud d'Au Vieux Format, une boutique de matériel photo) se sont associés pour ouvrir le tout premier stand d'instruments de musique des puces, où l'on trouve aussi bien une vielle à roue du XIXe siècle qu'un séquenceur Akaï des années 80, des mandolines, des guitares (électriques et acoustiques), des orgues Farfisa ou des cuivres, sans oublier les indispensables amplis.

KS Music

Stands 193/194/195 (1er étage) • 132-140, rue des Rosiers • 93400 Saint-Ouen
M° Porte-de-Clignancourt ou Porte-de-Saint-Ouen
Tél. 09 50 06 61 66 • www.myspace.com/agencetoutdisque
Ouvert du samedi au lundi de 9h à 18h

Pop culture. Chez Karim, on trouve de tout ! Des livres sur le rock en français et en anglais, des disques d'occasion (de 3 à 30 €) ou de collection, des tee-shirts à l'effigie de Motown ou du film *Shaft*, des petites voitures Dinky Toys, de vieux numéros des *Inrockuptibles*, de *Rolling Stone* ou de *Rock&Folk*, des bouquins sur le cinéma ou la photographie, des bandes dessinées, des albums de blues, de jazz, de soul… KS Music est un hommage vivant à la culture populaire des années 40 à 70 et à la musique, qui devrait faire saliver autant le collectionneur que le simple curieux. Chaque objet est à sa place, soigneusement rangé sur les étagères, et le parquet donne une atmosphère chaleureuse à ce vaste stand bien organisé qui propose aussi, de l'autre côté de la cloison, du matériel hi-fi. Mais également des curiosités, à l'image de cette radio japonaise avec cassettes 8-pistes intégrées ou de cet orgue à bouche, instrument venu d'Indonésie qui serait, selon Karim, l'ancêtre de l'harmonica.

■ Rue Jules-Vallès

Altoblues

Rue Jules-Vallès • 93400 Saint-Ouen
M° Porte-de-Clignancourt ou Porte-de-Saint-Ouen
www.altoblues.com
Ouvert du samedi au lundi de 9h à 18h

I got the blues. Confrontés à la concurrence d'Internet et à la raréfaction de la clientèle, plusieurs disquaires ont définitivement fermé boutique. Altoblues continue – jusqu'à quand ? – de proposer à ses clients de passage CD et vinyles (10 € le disque en bon état) de rock, blues, soul, jazz et chanson française, vieux numéros de *Rock&Folk* et *Best* (de 2 à 6 €), picture discs et curiosités diverses. Comme cette édition du quotidien *Le Parisien libéré* datée du mercredi 10 décembre 1980, soit deux jours après l'assassinat de John Lennon, titrant "Mort au coin de la 72e Rue".

Copa Music

52, rue Jules-Vallès • 93400 Saint-Ouen
M° Porte-de-Clignancourt ou Porte-de-Saint-Ouen
Tél. 01 40 12 31 95
Ouvert du samedi au lundi de 9h à 18h

Back in the USA. Sébastien a beau être amoureux du Brésil et grand amateur de soul et de jazz, sa boutique donne dans le rock en général, et le rock américain des années 70 en particulier – "la plus belle période du rock", selon lui –, même s'il pousse jusqu'aux années 80. Tous les trois mois, il traverse l'Atlantique pour racheter aux soldeurs et disquaires locaux des 33-tours vinyles, revendus en moyenne entre 18 et 30 € – à l'exception des pièces rares, comme ce *Waiting for the Sun* des Doors ou ce *Magic Bus* des Who (tiens, un groupe anglais !) à 60 €. Ces albums proviennent de collections particulières et sont en pressage d'origine, voire en deuxième ou troisième pressage – on ne trouvera pas de disques neufs issus de fonds de stocks, ceux-ci étant aujourd'hui épuisés –, mais Sébastien veille au bon état des "galettes" qu'il rapporte des États-Unis. L'endroit idéal pour parfaire sa connaissance du rock américain.

Docks de la radio

34, rue Jules-Vallès • 93400 Saint-Ouen
M° Porte-de-Clignancourt ou Porte-de-Saint-Ouen
Tél. 01 40 11 09 90 • www.docksdelaradio.fr
Ouvert du vendredi au mardi de 9h15 à 18h

Radio Gaga. L'endroit est étonnant : de part et d'autre de l'allée centrale se dresse un amoncellement d'objets en tout genre, de la platine vinyle vintage à la radio des années 30, et de l'ampli à lampes au vieux poste à galène. Depuis soixante ans, les Docks proposent tous les supports audio et vidéo inventés depuis les débuts du xxe siècle jusqu'aux années 2000. Jean-Pierre et Anita – surnommée MacGyver par certains clients – dénichent tout ce dont le bidouilleur fou ou le professionnel de l'audiovisuel ont besoin en matière de radio, hi-fi, cinéma et électricité, mais aussi le cadeau original pour faire plaisir à votre tonton fou de son. Et, comme le signale Anita : "Tout est d'époque, il n'y a pas de copies chinoises !"

Le Yéti

53, rue Jules-Vallès • 93400 Saint-Ouen
M° Porte-de-Clignancourt ou Porte-de-Saint-Ouen
Tél. 06 82 02 86 92 • yeti.record@wanadoo.fr
Ouvert du samedi au lundi de 9h à 18h

Monkey Man. Voilà vingt-deux ans que Hervé, alias le Yéti, est installé aux puces. Pour la petite histoire, son surnom est inspiré d'un album du groupe allemand Amon Düül II. En réalité, il vient surtout de son physique impressionnant, mais auquel il ne faut pas se fier : le gaillard est charmant et se fera un plaisir de répondre à toutes vos questions sur le rock. Chez ce disquaire "généraliste spécialisé" qui s'est donné pour mission d'être pointu dans tous les genres, on trouve de tout, sauf du classique. CD, vinyles, 33-tours à la pelle et singles en pagaille, pressés les uns contre les autres dans des rangées de bacs impressionnantes par leur densité, à partir de 10 €, voire de 2 € pour les disques soldés. Plus qu'un simple disquaire, le Yéti, situé pas très loin des studios d'enregistrement de Saint-Ouen et de la salle de concert Mains d'Œuvres (voir p. 88), se veut un vrai lieu de rencontres avec tous les passionnés de musique.

PICOLO, SAXO ET COMPAGNIE

En face du Yéti, le café-restaurant **A. Picolo**, l'un des plus vieux cafés des puces de Clignancourt, aime le rock et le prouve. Deux fois par mois, les vendredis et samedis soir, on pousse les tables en bois, on entasse les chaises, on branche les amplis, les trois ou quatre groupes à l'affiche se chargeant de faire venir le public : il ne reste plus qu'à jouer ! Sous l'égide de l'association Les Barrocks, la programmation alterne punk rock, ska ou rock classique pour une centaine de passionnés qui se serrent dans la petite salle. Et quand ce ne sont pas des groupes de rock, ce sont des formations de reggae, de jazz ou de country qui viennent réchauffer l'ambiance, à des prix plus qu'accessibles, soit de rien du tout (eh oui, l'entrée est parfois gratuite !) à 5 ou 7 €. Oh ! patron, vous nous remettez la même chose ?

A. Picolo

58, rue Jules-Vallès • 93400 Saint-Ouen
M° Porte-de-Clignancourt ou Porte-de-Saint-Ouen
Tél. 01 40 11 11 19 • Ouvert du samedi au lundi de 7h à 20h

■ Rue Jean-Henri-Fabre

Chez Bech

Rue Jean-Henri-Fabre, face au n° 56
M° Porte-de-Clignancourt ou Porte-de-Saint-Ouen
Tél. 06 19 43 24 47
Ouvert du samedi au lundi de 9h30 à 17h45

From Bach to Bech. Figure des puces depuis vingt-huit ans, Bech vend des magazines et des cassettes vidéo, mais aussi des disques, en précisant que 85 % d'entre eux sont "en bon état". Le rayon rock est plutôt bien fourni et ses affichettes de classement des différents artistes, sortes de collages de photos bricolés à la maison, sont plutôt marrantes. On peut vendre ses disques (rachetés au quart de leur valeur) ou les échanger. En se penchant un peu, on tombe sur un choix d'albums de soul, de funk, de reggae et de rap. Bref, il faut fouiller !

Richard

Rue Jean-Henri-Fabre, face à la rue Paul-Bert
M° Porte-de-Clignancourt ou Porte-de-Saint-Ouen
Ouvert du samedi au lundi de 9h à 18h

Disquaire débonnaire. Le stand est minuscule, mais sa superficie est inversement proportionnelle à la sympathie de Richard, disquaire moustachu et débonnaire présent aux puces depuis une douzaine d'années, qui propose un mélange d'albums grand public et de collectors, avec une majorité de rock. Lequel a parfois bien du mal à se faire entendre face à la débauche d'énergie et de gros son des vendeurs de fringues tendance hip hop qui ont envahi la rue Jean-Henri-Fabre depuis quelques années. Mais, irréductible, Richard continue de résister.

Porte de Vanves

Rien de tel qu'une balade aux puces de Vanves, un dimanche matin, en guise de décrassage après un concert du samedi soir suivi d'une sortie en bar et d'une trop courte nuit de sommeil. On en profitera pour chiner de vieux vinyles, au hasard des stands de brocanteurs. Mais sans s'attendre au miracle.

Aux Rêves d'antan

Devant le square des Artistes, à l'angle de l'avenue Georges-Lafenestre et de l'avenue Maurice-d'Ocagne, 14e
M° Porte-de-Vanves • Ouvert samedi et dimanche de 7h à 15h

Lastie but Goodie. À Vanves, Aux Rêves d'antan reste le dernier à proposer quelques bacs de vinyles en bon état, dûment rangés et classés après avoir été nettoyés et reconditionnés. Entre rock des années 50 à 70, soul et reggae, bandes originales de films et punk, les prix démarrent à 8 € pour les 33-tours et à 1 € pour les singles, mais grimpent assez vite en fonction de la rareté de l'objet. L'offre est limitée, mais la marchandise est de qualité, et Dominique connaît son affaire. Sur le stand d'en face, à l'angle de l'avenue Marc-Sangnier, le chineur pourra toujours se plonger dans les bacs de 33-tours et les piles de 45-tours en vrac, mais il ne faut pas espérer dénicher la perle rare…

4

Zincs on the Rocks

S'il y a bien une attitude rock'n'roll, c'est celle qui consiste à entrer dans un bar pour siroter une petite bière (ou autre chose, ne soyons pas sectaire) et s'en griller une tout en profitant d'un concert ou du juke-box maison. Mais, depuis l'entrée en vigueur de la loi antitabac, ce petit plaisir n'est plus qu'un vieux souvenir. Interdits de cigarette, les fumeurs s'installent sur le trottoir, provoquant la colère des riverains excédés par le bruit de leurs conversations nocturnes. Ce sont peut-être les mêmes qui cassaient les fauteuils de l'Olympia qui, quelques décennies plus tard, se plaignent qu'on leur casse les oreilles... Malgré l'organisation par la Mairie de Paris des "états généraux de la nuit", qui ont réuni en novembre 2010 politiques, professionnels et sociologues, aucune solution n'a été trouvée à ce jour. Certains s'interrogent : peut-on encore vivre la nuit et faire la fête à Paris ? En attendant la réponse, sortons et buvons !

Le Truskel

12, rue Feydeau, 2e • M° Bourse ou Grands-Boulevards
Tél. 01 40 26 59 97 • www.myspace.com/truskel_paris
Ouvert mardi, mercredi et vendredi de 20h à 5h,
le jeudi de 19h à 5h, le samedi de 18h45 à 5h

In Rock We Trusk'. Ne vous fiez surtout pas aux apparences ! Malgré sa devanture verte, le Truskel n'est pas un bar irlandais où de rudes gaillards amateurs de rugby chantent des airs de folk avec une Guinness à la main, mais bien un authentique bar rock où souffle l'esprit de la pop indé. Fort de sa devise "In Rock We Trusk'", l'endroit a accueilli pour des concerts ou des DJ sets bon nombre de pointures, de Pete Doherty à Franz Ferdinand, de Bloc Party à Jarvis Cocker. Laurent, le fondateur du Truskel, a voulu un bar où l'on puisse à la fois boire un verre, assister à un concert et regarder un match de foot comme en Angleterre, où, à la différence de la France, les fanas de rock n'ont pas peur de dire qu'ils aiment le ballon rond. Ainsi, au Truskel, les quatre écrans de télé cohabitent en toute harmonie avec les trois concerts hebdomadaires et la présence quotidienne d'un DJ, branché indie rock anglais et français.

La Grosse Caisse

160, rue Montmartre, 2e • M° Bourse ou Grands-Boulevards
Tél. 01 40 41 05 56
Ouvert du lundi au vendredi de 9h à 2h, le samedi de 17h à 2h

Boom Boom. Située non loin du Truskel, la Grosse Caisse se fait remarquer par sa déco à base de unes agrandies du quotidien *Libération* et par une immense photo des Stones (à vue d'œil, elle doit bien mesurer 5 mètres sur 3) imprimée et collée sur l'un de ses murs. Ce petit bar programme un concert un samedi par mois (le bluesman Lucky Peterson a joué ici) et qui organise, un lundi par mois, une scène ouverte : un groupe de rock, de blues ou de reggae joue quelques mesures avant de laisser ses instruments à la disposition du public.

Black Dog

26, rue des Lombards, 4e • M° Châtelet ou Les Halles
Tél. 01 42 71 16 47 • www.blackdog-bar.com
Ouvert du lundi au jeudi de 15h à 2h, le vendredi de 15h à 5h,
le samedi de 16h à 5h, le dimanche de 17h à 2h

Metal & gothique. Métalleux de tous les pays, unissez-vous... au Black Dog ! Ce bar-restaurant qui emprunte son nom à une chanson de Led Zeppelin est le lieu de rendez-vous favori des fanas de metal. Amateurs de folk, d'electro ou d'autres genres musicaux, passez votre chemin : ici, on n'écoute du metal et rien d'autre. Cela dit, la déco du Black Dog mérite le détour, ne serait-ce que pour l'impressionnante dalle de jardin en béton fabriquée par le Suisse Giger, sculpteur et plasticien auquel on doit le monstre et le vaisseau du film *Alien*. On appréciera aussi l'œuvre originale du dessinateur Olivier Ledroit, les marteaux de Thor et la guillotine à la lame sanguinolente – pas de panique, elle est en bois. Le resto du Black Dog s'est rendu célèbre pour ses viandes d'origine argentine, et les végétariens s'installeront plutôt au bar (mais les fans de metal sont-ils végétariens ?), où l'on accueille aussi les adeptes de rock gothique.

Plastic

13, rue Jean-Beausire, 4e • M° Bastille
Tél. 01 48 04 74 60
Ouvert du lundi au samedi de 18h à 2h

(But not Bertrand.) Avec ses couleurs à dominantes d'orange, de bleu et de vert, le Plastic est un bar bien sympathique où les sièges sont en… plastique, sans que la déco tombe pour autant dans le piège d'une esthétique seventies kitsch. Tous les mercredis, il organise un concert de pop-rock acoustique (une batterie ferait trop de bruit), tandis que des DJ s'installent en haut du petit escalier pour mixer du jeudi au samedi. L'ambiance musicale va de la pop au punk et du garage à l'electro, même si les groupes de rock indé anglais et américains ont la faveur des habitués, nombreux à travailler dans les milieux culturel et artistique. Ouvert en 2007 dans une rue tranquille, à l'écart de l'agitation de la Bastille toute proche, le Plastic s'est offert un nouveau comptoir tout en longueur qui lui donne l'allure d'un véritable bar, idéal pour discuter avec son (sa) voisin(e).

Le Piano Vache

8, rue Laplace, 5e • M° Cardinal-Lemoine
Tél. 01 46 33 75 03 • www.lepianovache.com
Ouvert du lundi au vendredi de 12h à 2h, le samedi de 18h à 2h

Back to the Roots. Il n'y a pas (pas encore ?) de rockers parmi les grands hommes du Panthéon, mais il y a un bar rock au pied du monument : le Piano Vache, vénérable institution ouverte en 1977, en pleine période punk. Voilà un bar comme on les aime, sans chichis ni déco à la mode, fréquenté par les étudiants du quartier et où les affiches sont, à l'image du lieu, patinées par le temps. Quatre soirs par semaine, des DJ répandent la bonne parole : le mercredi (soirée gothique), le jeudi (soirée eighties), le vendredi (soirée "chewing-gum des oreilles") et le samedi (soirée rock, tout simplement). Au Piano Vache, la patrie (du rock) reconnaissante !

Bottle Shop

5, rue Trousseau, 11e • M° Ledru-Rollin
Ouvert tous les jours de 11h30 à 2h

America, America. Le Bottle Shop se veut un bar de quartier avec ses fidèles habitués (ce qui n'exclut pas les autres), lesquels sont invités à programmer leur musique préférée sur les deux platines installées à l'entrée. Joe, le barman, la tête coiffée d'un bonnet rouge digne du Commandant Cousteau, vient des États-Unis et accueille le client dans la langue de Shakespeare (ou plutôt d'Hemingway) et dans une ambiance musicale aux couleurs américaines, entre rock, blues, hip hop et metal ("On peut commencer par un blues à la coule et finir avec Slayer"). Quatre fois par semaine, un DJ vient réchauffer l'atmosphère. Le mercredi, ce n'est pas raviolis, mais la soirée "Cult 45", où le 45-tours est roi. Le soir, plus l'heure avance et plus la lumière diminue, Joe n'hésitant pas à installer à l'occasion un véritable black out pendant quelques minutes.

La Cantada II

13, rue Moret, 11e • M° Couronnes ou Ménilmontant
Tél. 01 48 05 96 89 • www.cantada.net
Ouvert du lundi au jeudi de 18h à 1h30,
vendredi et samedi de 18h à 5h

Ultime Rock Bar. S'il fallait décerner l'Oscar du bar le plus original, la Cantada II serait à coup sûr bien placée. Mickey, ancien chanteur d'un groupe de hardcore et ex-organisateur de concerts, avait créé en 1992 la première Cantada, rue de Bagnolet, pour emmener ses groupes boire un coup après leurs shows. Aujourd'hui, il accueille ses clients dans un décor gothico-flamboyant-médiéval ponctué par les peintures du tatoueur Denis Grrr. Mais nul besoin de se conformer à un quelconque dress code : à la Cantada II, toutes les tribus et tous les looks (y compris l'absence de look) sont les bienvenus. La playlist brille par sa diversité, de Bauhaus aux B-52's et de Devo à AC/DC ou aux Ramones. On ne manquera pas de déguster l'une des quarante-cinq variétés d'absinthe disponibles, tout en participant à un "Kara-K.O.", karaoké rock sur fond de Troggs, de Madness ou de Steppenwolf, ou bien à descendre au sous-sol pour assister à des spectacles pour le moins hors normes, entre des rencontres littéraires consacrées au vampirisme et le Metal Excentric Market, qui expose des "créations exubérantes" en métal. Un bar qui allie plaisir des yeux, des oreilles et des papilles avec, au menu, vins corses et plats médiévaux.

Les Disquaires

6, rue des Taillandiers, 11e • M° Ledru-Rollin ou Bastille
Tél. 01 40 21 94 60 • www.lesdisquaires.com
Ouvert tous les jours de 18h à 2h

Drinks & Disques. Avec un nom pareil, ce bar était prédestiné pour figurer dans ce guide. L'endroit, plutôt spacieux, peut accueillir une bonne centaine de personnes. Dans une salle située en contrebas de la pièce principale, des concerts de rock, d'electro, de folk ou de jazz sont organisés tous les jours, à raison d'un à trois sets successifs d'une vingtaine de minutes chacun. Sur les murs dessinés, *Shaft* figure en bonne place à côté de Coltrane et de *Superfly*, tandis que d'autres sont décorés de disques vinyles. Et quand la musique live s'arrête, des DJ prennent le relais pour animer les soirées clubbing, du jeudi au samedi à partir de 22h15.

Le Fanfaron

6, rue de la Main-d'Or, 11e • M° Ledru-Rollin
Ouvert du lundi au samedi de 18h à 2h

Rock et cinoche. Le nom du Fanfaron est un clin d'œil au film réalisé par Dino Risi en 1962. Considéré par Xavier, maître des lieux, comme "le premier road movie de l'histoire du cinéma", il a inspiré *Easy Rider*, le long-métrage de Dennis Hopper. L'ambiance est franchement rock'n'roll et ciné, la déco est à base de récup' et l'esthétique du comptoir, très inspirée par la culture mexicaine. Derrière une vitrine décorée aux couleurs des Cramps et de Dracula, les murs sont tapissés de photos et d'affiches, de Jagger à Tom Waits, de *Freaks* à Russ Meyer, sans oublier Gainsbourg, artiste fétiche du tenancier. De temps en temps, celui-ci organise un concert acoustique de rock ou de blues, bien dans l'esprit de son bar, tandis que des DJ viennent mixer le samedi soir. L'endroit idéal pour savourer une bière en fin de soirée, dans une pénombre bienvenue, tout en écoutant un vinyle (ici, monsieur, on n'écoute que du vinyle) de The Legendary Tiger Man, un bluesman portugais (mais oui, ça existe) ami du patron.

Les Furieux

74, rue de la Roquette, 11e • M° Bastille ou Voltaire
Tél. 01 47 00 78 44 • www.lesfurieux.fr
Ouvert du mardi au jeudi de 16h à 2h,
vendredi et samedi de 16h à 5h, le dimanche de 19h à 2h

Furioso Rock. Un comptoir interminable, un espace disponible qui ne l'est pas moins, une déco tout en noir et rouge, des banquettes pour bavarder tranquillement au fond de la salle, des tee-shirts estampillés "Les Furieux" accrochés sur les murs... Le décor est impressionnant et la musique est à l'image de la clientèle, à dominante metal et gothique. Une expo photo différente est programmée tous les mois et des soirées thématiques sont organisées plusieurs fois par semaine. Intitulées "Drown to Black" le mercredi, "Scuds Attacks" le vendredi et "The Temple of Noise" le dimanche, elles combinent une programmation metal, indus, gothic, punk old school ou post punk.

L'International

5-7, rue Moret, 11e • M° Couronnes ou Ménilmontant
Tél. 01 49 29 76 45 • www.linternational.fr
Ouvert tous les jours de 18h à 2h

Debout, les damnés du rock ! Installé dans la rue de la Cantada II (voir p. 55), l'International se situe à mi-chemin entre un bar et une vraie salle de concert. Deux ou trois concerts gratuits de quarante minutes à une heure, suivis d'un DJ set plutôt electro rock, sont organisés chaque soir dans la salle de 200 places au sous-sol. Ils sont retransmis par écran vidéo à l'intention de ceux qui préfèrent rester tranquillement accoudés au comptoir du rez-de-chaussée. L'International, qui dispose d'un ingénieur du son à demeure, privilégie une orientation plutôt pop et rock indé qui mélange jeunes pousses et groupes confirmés, français et étrangers.

La Mécanique ondulatoire

8, passage Thiéré, 11e • M° Ledru-Rollin
Tél. 01 43 55 16 74
Ouvert du lundi au samedi de 18h à 2h, le dimanche de 19h à 2h

Too Much Class for the Neighbourhood. Ça balance pas mal, à Paris, mais ça ondule aussi. Surtout à la Mécanique ondulatoire, bar spacieux et aux goûts variés, du rock indé au garage et du punk à la new wave ou au rockabilly. La Mécanique a isolé la salle voûtée située au sous-sol – une ancienne cave à charbon – afin d'accueillir des DJ pour faire danser et ses soirées sixties ou seventies du week-end, fréquentées par une clientèle composée de jeunots comme de vieux fans de rockab' blanchis sous le harnais. L'endroit hébergeait aussi bien des jeunes groupes que des formations confirmées comme les Fleshtones. Nous parlons à l'imparfait car, hélas, les plaintes de voisins grincheux ont conduit la direction de la Mécanique à suspendre les concerts quotidiens et à ouvrir un autre établissement à Berlin – le pass Navigo du rocker de base risque d'être un peu juste pour pousser jusque là-bas. Pour oublier, et en attendant le retour de la musique live, il est toujours possible de boire (activité moins bruyante) et de participer aux blind tests du dimanche.

Le Motel

8, passage Josset, 11e • M° Ledru-Rollin
Tél. 01 58 30 88 52
Ouvert du mardi au dimanche de 18h à 2h

Pop indé. Ne dites pas à Hadrien, le barman, que le Motel est un bar "rock" : il revendique avec acharnement l'étiquette "indie pop" et se place sous le patronage de groupes anglais des années 80 et 90, comme les Happy Mondays, les Smiths ou New Order. Le Motel n'est pas un club, mais, malgré sa petite taille, il n'hésite pas à inviter des musiciens pour un showcase acoustique : en se serrant bien, on peut caser jusqu'à 85 personnes dans la salle. Et Hadrien certifie qu'il a compté, un soir, onze musiciens installés sur la petite estrade près de l'entrée, ce qui est une forme de record. Proche de l'esprit d'autres établissements comme le Pop In (voir p. 59) ou le Truskel (voir p. 52), le Motel n'est pas réservé aux seuls gourmands de pop culture et n'oblige pas ses clients à réciter, avant d'entrer, la discographie de Pavement, autre groupe fétiche de la maison. Parmi sa clientèle, qui va de 18 à 78 ans, on trouve aussi des salariés qui viennent simplement se détendre en sortant du bureau.

L'Orange mécanique

72 bis, rue Jean-Pierre-Timbaud, 11e • M° Parmentier
Tél. 06 13 34 39 91
Ouvert tous les jours de 18h à 2h

Kubrick Rock. Bienvenue dans les années 70 ! L'Orange mécanique revendique l'appellation de “bar psyché”. Traduction : une déco murale qui rappellera aux plus anciens les motifs du papier peint de leur adolescence, une omniprésente couleur orange typique des seventies et une obsession pour le film de Kubrick, d'où le bar tient son nom, représenté par une collection d'affiches et de disques de la bande originale venus de tous les pays. Les pochettes de 33-tours vinyles de classiques du rock, alignées sur des étagères au-dessus du comptoir et des tables, n'empêchent pas la soul et le funk de servir eux aussi de bande-son à ce petit bar bien agréable, qui réserve un coin pour les DJ invités à mixer le vendredi et le samedi.

Le Pop In

105, rue Amelot, 11e • M° Saint-Sébastien-Froissart
Tél. 01 48 05 56 11 • www.popin.fr
Ouvert tous les jours de 18h30 à 1h30

Smells Like Teen Spirit. Depuis sa création, en 1997, le Pop In est le repaire favori de ceux qui ne jurent que par la pop. Fan des Kinks, des Beatles, d'Oasis, de Blur ou de Pulp, Denis a plaqué son job dans une banque pour ouvrir le Pop In parce qu'il ne trouvait jamais de bar où écouter ses groupes favoris en sortant d'un concert. Depuis, il a fait des émules : le Truskel (voir p. 52) et le Motel (voir p. 58) ont été lancés par d'anciens clients. Du lundi au jeudi, un ou deux concerts d'une quarantaine de minutes sont organisés à partir de 21h dans la petite salle qui peut accueillir 60 personnes bien tassées. Herman Dune, les HushPuppies ou les Zombie Zombie sont des fidèles du lieu, et Lloyd Cole en personne est même venu jouer un soir pendant une heure. Le Pop In, qui réalise et commercialise des singles de certains des groupes invités, est un bon observatoire des tendances musicales du moment, et constate depuis deux ans un retour en force du folk. Mais attention : la clientèle, très internationale, est franchement jeune. Après 25 ans, vous risquez de vous sentir légèrement dépassé...

Panic Room

101, rue Amelot, 11e • M° Saint-Sébastien-Froissart
Tél. 01 58 30 93 43
Ouvert du lundi au samedi de 18h30 à 1h30

Dormir tue ! Voisin du Pop In (voir p. 59), le Panic Room organise un ou deux concerts d'environ quarante-cinq minutes une fois par semaine dans sa petite salle en sous-sol – nos amis fumeurs apprécieront la présence d'un fumoir qui leur évitera de mettre le nez dehors –, et des DJ viennent tous les soirs programmer du rock, mais aussi de l'electro ou du hip hop. La clientèle est un peu plus âgée qu'au Pop In (entre 25 et 35 ans), ce qui explique peut-être la présence, au-dessus du bar, d'un autocollant qui rappelle aux éventuels couche-tôt que “Dormir tue”... La décoration a été réalisée par Rero, un artiste plasticien influencé par le street art et la culture du graffiti.

Le Zéro Zéro

89, rue Amelot, 11e • M° Saint-Sébastien-Froissart
Tél. 01 49 23 51 00 • www.radiozerozero.com
Ouvert du lundi au samedi de 18h30 à 2h

Electro rock. Un autre bar proche du Pop In, mais qui revendique une programmation plutôt electro et house. Les couches successives de tags et de graffitis sur les murs, réalisés par les clients qui se sont approprié le lieu, donnent un côté roots très new-yorkais au Zero Zero. Le bar organise régulièrement des soirées avec des DJ ou en partenariat avec divers labels. Pour ceux qui veulent se faire une idée, il suffit de cliquer sur le bouton “Listen” du site radiozerozero.com.

Planète Mars

21, rue Keller, 11e • M° Bastille ou Ledru-Rollin
Tél. 01 43 14 24 44 • www.myspace.com/planetemars
Ouvert tous les jours de 18h30 à 2h

Life on Mars. Un type qui a joué au foot avec Louis Bertignac et la bande de La Souris Déglinguée mérite toute notre bienveillance ! Hakim a repris le Planète Mars en 2007, petit bar à dominante de rouge (faut-il rappeler que Mars est surnommée “la planète rouge” ?) et avec une déco à base de robots et de 45-tours enchâssés dans des boules de plastique. Malgré la place limitée, il invite des groupes à venir jouer de temps en temps, mais sans électricité, ce qui n'interdit pas pour autant à des formations “anarcho-punk” de se produire. Le premier jeudi du mois, il organise “l'Instant scandinave”, qui propose des boissons et une playlist de groupes venus des pays nordiques, et, chaque deuxième samedi, la soirée “Bad Mix, Good Music”, dédiée à la black music. Un dimanche sur deux, les érudits peuvent s'affronter à l'heure du blind test – “pointu mais accessible”, précise Hakim.

LES BLIND TESTS

Non, un blind test – que l'on peut traduire par “test à l'aveugle” – n'est pas un examen passé par Stevie Wonder quand il était à l'école. Il s'agit tout simplement d'un jeu destiné à mesurer la culture musicale des participants. Le principe est simple : écouter une chanson et en deviner le titre, l'interprète ou l'année de création. Remis au goût du jour par des émissions de télé, le blind test est aujourd'hui largement pratiqué sur Internet et existe aussi sous forme de jeux de société. Plusieurs bars parisiens en organisent régulièrement et offrent une consommation gratuite aux heureux gagnants. On essaie ? “Tam tam tam… tam tam tadam… Tam tam tam… tadaaam.” Vous avez trouvé ? Non ? C'était pourtant facile : “Smoke on the Water”, de Deep Purple. Bon, nous sommes d'accord : dans un livre, le blind test ne fonctionne pas vraiment…

Le P'tit Garage

63, rue Jean-Pierre-Timbaud, 11e • M° Parmentier
Ouvert tous les jours de 18h à 2h

Garage rock. Voilà sans doute l'un des bars les plus sympas de la capitale, tenu par l'impeccable David, qui s'est installé dans les locaux de trois petits commerces mitoyens typiquement parigots – un garage, une mercerie et une boucherie – dont il a conservé les enseignes d'origine. Tables en bois, chaises d'école à l'ancienne, carrelage au sol garanti d'époque : le P'tit Garage ne donne pas dans la frime et se considère comme un bar de province où les générations et les goûts se côtoient dans la bonne humeur. Et le rock ? Il passe en boucle toute la journée sur une bonne vieille platine qui met en valeur les délicieux craquements des vinyles, petites madeleines sonores qui évoquent de doux souvenirs à ceux qui ont connu le temps d'avant le CD et le téléchargement...

Some Girls

43, rue de Lappe, 11e • M° Bastille
Tél. 01 48 06 40 33
Ouvert du mardi au jeudi de 19h à 2h,
vendredi et samedi de 19h à 5h

Rolling (and Drinking) Stones. Un bar qui a choisi son nom en hommage au titre du dernier bon disque des Stones (*Some Girls*, sorti en 1978 avec ce méga-tube que fut "Miss You", vous vous souvenez ?) a droit à toute notre sympathie (*for the Devil*, hi hi !). Ne rêvons pas, il ne faut pas s'attendre à croiser Jagger ou Richards au comptoir. On se contentera de savourer un Jack Daniel's en admirant les murs décorés de photos, pochettes d'albums, coupures de presse et autres 45-tours des Pierres qui roulent, et même d'une affiche originale de leur concert au Palais des Sports de Lyon en 1970. Pour ceux qui auraient envie de tester leur culture rock, un blind test est organisé tous les mercredis. Le premier prix ? Un week-end tous frais payés dans le château de Mick Jagger en France, niché sur les bords de la Loire. On se calme, c'est une blague : l'heureux gagnant se contentera d'une coupe de champagne. Mais ce n'est déjà pas si mal, non ?

Tape

21, rue de la Roquette, 11e • M° Bastille
Tél. 01 43 38 69 28
Ouvert tous les jours de 18h à 2h

Relax. Petit bar de quartier qui se veut "ni ghetto ni fashion", Tape, reconnaissable à la cassette qui lui sert d'emblème, se dit influencé par l'esprit des bars de Berlin, jugés plus décontractés et plus ouverts que leurs homologues parisiens. Tape assume son côté "bricolo", avec sa déco faite de dessins réalisés sur les murs par les habitués eux-mêmes et le vélo laissé dans un coin de la salle par son propriétaire, en attendant de revenir le chercher. La tendance musicale est plutôt rock indé et pioche volontiers chez Sonic Youth, les Pixies ou Pavement, mais le hip hop américain et la techno minimale ont aussi droit de cité dans ce bar où les DJ, amateurs ou confirmés, viennent mixer tous les soirs à partir de 22h.

UFO Bar

49, rue Jean-Pierre-Timbaud, 11e • M° Parmentier
Ouvert tous les jours de 18h à 2h

Quatrième dimension. UFO comme "Unidentified Flying Object", ou encore "objet volant non identifié". L'amateur de soucoupes volantes et de films fantastiques des années 50 se sentira comme chez lui à l'UFO Bar. L'amateur de rock aussi, qui pourra toujours descendre danser au sous-sol ou boire un verre dans l'une des deux salles du rez-de-chaussée où trônent deux juke-box, tout en jetant un œil aux nombreuses affiches de concerts, à la déco murale inspirée de l'album des Clash *London Calling* ou aux reproductions d'images collées sur les tables en hommage au "Cinéma Bis" et aux icônes du rock'n'roll. Du jeudi au samedi, des DJ viennent mettre l'ambiance : le jeudi est réservé au doo-wop et au rock des années 50 et 60, tandis que le samedi est ouvert à tous les styles de votre musique favorite. Mais attention : comme le rappelle le panneau accroché au mur, "Beware pickpockets and loose women" !

La Divette de Montmartre

136, rue Marcadet, 18e • M° Lamarck-Caulaincourt
Tél. 01 46 06 19 64
Ouvert du mardi au jeudi de 12h à 1h,
vendredi et samedi de 17h à 1h, le dimanche de 17h à 23h

Zappez pas Zappa. Le patron est stéphanois et voue donc un véritable culte à l'équipe de foot locale, les Verts de l'Association sportive de Saint-Étienne. Mais quel rapport avec le rock, en dehors des quelques 45-tours consacrés à Dominique Rocheteau et Oswaldo Piazza ? D'abord, une collection hallucinante de picture discs, ces disques vinyles sur lesquels est imprimée une photo. Il y en a partout : sur les murs, au plafond et le long du comptoir. Avec quelques curiosités, comme ces deux disques d'Iron Maiden enregistrés lors d'un concert à Saint-Étienne, ou celui de Michael Jackson posant avec le maillot du club de Nice sur les épaules. Ensuite, la Divette est le lieu de rendez-vous mensuel du fan-club de Frank Zappa, justement intitulé Les Fils de l'Invention (comme chacun sait, le premier groupe de Zappa s'appelait Mothers of Invention). Et si vous n'aimez pas Zappa, vous pouvez toujours boire un verre en regardant le match du jour sur le grand écran.

Rock & Roll Circus

5, rue André-Antoine, 18e • M° Pigalle
Ouvert tous les jours de 18h à 1h30

Go Pigalle, Go. Évidemment, sur les murs sont accrochées des photos du *Rock and Roll Circus*, ce show organisé en 1968 par les Stones pour la télévision (mais qui ne fut finalement pas diffusé), auquel participèrent Eric Clapton, John Lennon, les Who et bien d'autres. Pochettes de vinyles au-dessus du comptoir, pages des magazines *Melody Maker* et *Rolling Stone* sur les murs, DJ actif qui programme du rock (périodes fifties et seventies) du jeudi au samedi : ce bar ouvert fin 2010 n'a pas usurpé son patronyme !

La Féline

6, rue Victor-Letalle, 20e • M° Ménilmontant

Ouvert tous les jours de 18h à 2h

Cramps not dead ! Avec quelque deux cents concerts annuels, la Féline mérite bien l'appellation "bar rock". Ici, on aime le rockabilly, le rock garage et le ska, sans oublier les groupes issus de la mouvance "Riot Grrrl", mélange de rock alternatif et de féminisme. Détail important, les batteries sont les bienvenues, ce qui n'est pas le cas de tous les bars. On observe une progression des "One Man Band", ces types qui se produisent seuls sur scène pour jouer un rock mâtiné de blues ou de soul – des "Tom Waits juniors", comme les appelle le barman. La Féline se place sous le haut patronage de légendes du rock comme le Gun Club ou les Cramps, et l'on est très fier de rappeler que Kid Congo, cofondateur du Gun Club, ex-guitariste des Cramps et de Nick Cave, est venu jouer ici voilà quelques années. Au fait, si vous vous demandez pourquoi la peinture s'écaille sur le bar, ne cherchez pas : c'est la marque des talons des demoiselles qui grimpent sur le comptoir pour se livrer à un effeuillage en règle...

Le Saint-Sauveur

11, rue des Panoyaux, 20e • M° Ménilmontant

Ouvert tous les jours de 17h à 2h

Revolution Rock. Le Saint-Sauveur ne cache rien de son engagement résolument antifasciste. Une citation du dramaturge Bertolt Brecht donne le ton : "Aussi longtemps que le capitalisme existera, aussi longtemps la guerre existera." Les toilettes sont couvertes de tags et d'autocollants qui appellent à la "guerre sociale contre le capital" et au soutien aux luttes des peuples de tous les pays. Le rock fait partie du décor, mais pas n'importe quel rock : on trouvera plutôt sur les murs des références à The Clash et à Bérurier Noir ou une affiche pour un concert du groupe punk La Fraction. Mais ce petit bar de quartier ne pratique pas pour autant l'ostracisme. On peut pousser la porte du Saint-Sauveur – dont on remarquera la poignée en forme de clé à molette – et s'installer au comptoir sans justifier de son orientation politique...

5

Live in Paris :
les salles de concert

Le temps où l'on se moquait volontiers du spectateur en lui infligeant une acoustique approximative, un confort rudimentaire et des videurs malpolis (pléonasme ?) appartient au passé : désormais, écouter du rock live ne relève plus de l'aventure urbaine et est aussi banal que d'aller au ciné. Le plus difficile est encore de choisir parmi tous les concerts proposés...

Le Klub

14, rue Saint-Denis, 1er • M° Les Halles

Tél. 01 42 36 26 99 • www.korporation.net

Salle en fusion. Le Klub, proche du bar Black Dog (voir p. 53) par la géographie mais aussi par l'esprit, est le rendez-vous favori des amateurs de metal. Mais, comme les propriétaires du lieu ont l'esprit large, ils s'ouvrent à toutes les formes de rock, même si les "métalleux" assurent la moitié des concerts quasi quotidiens qui présentent de deux à quatre formations pour des prestations d'environ une heure. Le Klub propose deux salles : l'une de 130 places, équipée d'une véritable scène, et une autre, pour une centaine de personnes, où les groupes jouent au milieu du public. Un vendredi par mois, la "Soirée Mignon" programme des formations de rock indé, tandis que la soirée mensuelle "Good Fellas Rock Night" affiche une programmation plutôt glam rock.

Le Grand Rex

1, boulevard Poissonnière, 2e • M° Bonne-Nouvelle

Tél. 08 92 68 05 96 • www.legrandrex.com

No pogo ! Salle de cinéma inscrite à l'inventaire des Monuments historiques, avec sa façade Art déco et son décor qui fait rêver les enfants, le Grand Rex programme quelques têtes d'affiche dans sa grande salle. Le cadre, majestueux et impressionnant à souhait, se prête plus volontiers à un show de Tom Waits ou d'un Lou Reed assagi qu'à un concert frénétique des Fuckin' Bullshit Pretty Rebels. De toute manière, cette salle qui peut accueillir 2 650 personnes sur trois niveaux ne propose que des places assises, ce qui ne favorise pas la pratique du pogo. Et ne cherchez pas de rock dans les murs du Rex Club voisin : l'endroit est réservé à la musique électronique.

« J'adore traîner du côté de Pigalle. C'est mon quartier de cœur, celui dans lequel j'ai fait mes premières rencontres avec la musique. Je trouve qu'il y a une véritable atmosphère rock rue de Douai, rue Victor-Massé ou rue Fontaine. C'est un quartier qui me rappelle le début des années 90, quand la Mano Negra avait investi des cabarets érotiques comme l'Erotika, le Folie's Pigalle ou le New Moon pour donner des concerts. Comme je suis chanteur, je vais rarement dans des magasins d'instruments de musique, mais Pigalle ne serait pas Pigalle sans ses boutiques d'instruments et ses bars à putes… À part ça, j'aime beaucoup la Maroquinerie, qui est à mes yeux le lieu rock le plus intéressant de Paris. On s'y sent bien, on peut profiter du patio pour boire un verre ou manger un bon plat, on rencontre des gens différents et la programmation est vraiment intéressante. Sur le même trottoir, la Bellevilloise est un autre endroit atypique qui mélange ambiance théâtrale et ambiance musicale. Pour enregistrer, j'apprécie le studio Ferber, où Gainsbourg venait travailler. Il n'a quasiment pas changé, on sent le poids de l'Histoire et il a su conserver son âme. Il ne sonne pas comme les autres studios, même si j'apprécie aussi Davout ou l'annexe des Studios de la Seine, pas très loin de Bastille, où se mélangent des professionnels venus d'horizons très différents. Aujourd'hui, Bastille n'est pas un endroit rock, à la différence de l'est et du nord de la capitale, de la place de Clichy, où je vis, à Barbès, en passant par Belleville, Jaurès, et surtout Ménilmontant. Ce sont de vrais quartiers d'artistes, avec des salles alternatives comme Point Éphémère et des bars comme la Féline, l'International ou encore l'Alimentation générale. »

KEMAR, CHANTEUR DE NO ONE IS INNOCENT (DERNIER ALBUM SORTI EN FÉVRIER 2011 : "DRUGSTORE", CHEZ NAIVE)

→ L'Alimentation générale • 64, rue Jean-Pierre-Timbaud, 11e

Le Bus Palladium

6, rue Fontaine, 9e • M° Pigalle

Tél. 01 45 26 80 35 • www.lebuspalladium.com

Magic Bus. Dans les années 60, le Bus Palladium, créé en 1965 avant d'être immortalisé dans la chanson "Qui est 'in', qui est 'out'" de Gainsbourg, puis dans un film en 2009, était l'un des lieux de rendez-vous des amateurs de rock parisiens et banlieusards. Dans les années 80, c'est ici qu'un jury décernait le Bus d'acier, sorte de césar pour chanteurs de rock qui récompensa notamment Bashung, la Mano Negra, les Rita Mitsouko et Paul Personne. L'année 2010 marqua la renaissance de cette salle de 400 places dont la programmation, désormais assurée par un directeur artistique maison, alterne brit pop, hard rock, electro pop, voire rock industriel, metal ou gothique. Le club est situé au rez-de-chaussée, le restaurant au premier étage (il propose les "Live du mardi", où des musiciens reprennent des classiques du rock en version acoustique), tandis que des salons privés avec fumoir sont accessibles aux deuxième et troisième étages.

L'Olympia

28, boulevard des Capucines, 9e • M° Opéra

Tél. 08 92 68 33 68 • www.olympiahall.com

Pleased to Mythe You. Est-il encore bien nécessaire de présenter l'Olympia ? Si le mot "mythique" s'applique à une salle de music-hall parisienne, c'est bien à celle-ci, dont le nom reste associé à celui de Bruno Coquatrix, qui en prit les commandes en 1954. C'est à l'Olympia que les Beatles se sont produits en 1964, à quarante reprises pendant trois semaines. C'est là aussi qu'ont défilé tous les grands noms de la chanson française, mais également du rock (ceux qui avaient la chance d'en être n'ont pas oublié les concerts des Stones en 1995 et en 2003). Reconstruite à l'identique en 1997 à quelques mètres de son emplacement initial et rachetée par la maison de disques Universal Music en 2001, l'Olympia reste une salle de prestige qui accueille les valeurs sûres capables d'attirer 2000 spectateurs. Mais elle n'en oublie pas pour autant les jeunes talents, puisqu'elle a accueilli en 2011 la finale du festival Rock the Gibus, consacré à la nouvelle scène du rock français.

L'Alhambra

21, rue Yves-Toudic, 10e • M° République ou Jacques-Bonsergent
Tél. 01 40 20 42 00 • www.alhambra-paris.com

Fais-moi mal, Johnny. On n'en finirait pas de citer tous ceux qui sont montés sur les planches de l'Alhambra première version, installé de 1866 à 1967 dans la rue de Malte voisine. Le magicien Houdini, Raimu, Suzy Solidor, Mistinguett, Ray Ventura et ses Collégiens, Sydney Bechet, Édith Piaf, Maurice Chevalier, Quincy Jones, Jacques Brel ou encore Henri Salvador sont passés par là, sans oublier Jean-Philippe Smet, un gamin de 17 ans qui se produisait sous le nom de Johnny Hallyday. La délicieuse Magali Noël a même chanté l'Alhambra sur des paroles de Boris Vian et une musique d'Alain Goraguer ("J't'ai rencontré à l'Alhambra / Michel Legrand jouait ce soir-là..."). Désormais, le nouvel Alhambra, ouvert en 2008 et autoproclamé "scène de toutes les musiques", accueille aussi bien du théâtre ou du jazz celtique que de la variété française, de l'electro ou du rock, des BB Brunes aux HushPuppies en passant par Death in Vegas. L'Alhambra propose tout le confort d'une salle moderne, aussi exigeante en matière de visibilité que d'acoustique, avec une capacité de 600 à 800 personnes. Pour les concerts de rock, il suffit d'ôter les fauteuils devant la scène : pour danser, c'est tout de même plus pratique...

La Java

105, rue du Faubourg-du-Temple, 10e • M° Belleville ou Goncourt
Tél. 01 42 02 20 52 • www.la-java.fr

Le Rock et la Java. Bastion du Paris canaille et gouailleur, place forte de la musique populaire depuis sa création en 1924, la Java a vu défiler Fréhel et Gabin, mais aussi des débutants nommés Maurice Chevalier et Édith Piaf, sans oublier l'inoubliable Jo Privat et son accordéon endiablé. Et le rock, dans tout ça ? On y arrive, patience. Donc, après une histoire bien remplie et des soirées thématiques variées, entre ambiance psyché, hip hop et funk, la nouvelle équipe en place depuis 2006 programme de jeunes groupes en développement (comprendre : pas encore connus, mais cela ne devrait pas tarder si tout se passe bien pour eux et s'ils travaillent sérieusement). Pour 15 € la soirée, installés dans la salle tout en longueur avec parquet, fresques murales et banquettes rouges, les 250 spectateurs de la Java ont droit à deux heures de concert avec deux groupes différents, tendances pop-rock, rock indé ou electro rock. Désolé, amis amateurs de metal, la salle n'est pas configurée pour votre musique favorite !

Le New Morning

7-9, rue des Petites-Écuries, 10e • M° Château-d'Eau
Tél. 01 45 23 51 41 • www.newmorning.com

Good Morning, Good Morning. En 2011, le New Morning fête ses 30 ans. Depuis son ouverture, le 16 avril 1981, cette salle inaugurée par Art Blakey et ses Jazz Messengers n'a pas changé. Elle privilégie toujours les musiques vivantes, du jazz au blues et du rhythm and blues au rock, sans oublier la world music et la chanson. L'entrée ne paie pas de mine, et le New Morning est avant tout un club de jazz, mais il mérite sa place dans cette sélection car les grands noms du rock ou de la black music n'hésitent pas à monter sur la scène de cette véritable institution parisienne de la musique rythmée. Prince est venu y jouer un show de légende, une nuit, en sortant d'un concert à Bercy, l'ancien Stone Mick Taylor, toujours aussi timide et à peine moins chevelu, y a fait souffler l'esprit du blues, et des musiciens comme Serge Teyssot-Gay (ex-Noir Désir) ou Glenn Tilbrook, le fondateur de Squeeze, se sont produits dans cette salle de 450 places qui a vu défiler en trois décennies quelque trois mille concerts et dix mille musiciens.

Point Éphémère

200, quai de Valmy, 10e • M° Jaurès ou Louis-Blanc
Tél. 01 40 34 02 48 • www.pointephemere.org

Mouvement perpétuel. Installé depuis 2004 dans un ancien magasin de matériaux de construction à l'enseigne Point.P, situé le long du canal Saint-Martin, Point Éphémère est animé par l'équipe de l'association Usines éphémères, qui, depuis 1987, transforme des lieux urbains à l'abandon en foyers de vie artistique. Ce "centre de dynamiques artistiques" se consacre à la danse, à la musique et aux arts visuels, accueillant des artistes en résidence et organisant spectacles, concerts, conférences et expositions. Dans la salle de 300 places sont programmés quatre ou cinq concerts de rock par semaine – parfois en partenariat avec le label Born Bad – qui privilégient les groupes en développement. Le bar-restaurant propose des expos ouvertes à des illustrateurs, graphistes et auteurs de bande dessinée, à l'image de "On coupe le son !" qui a présenté, à l'été 2010, des dessins de concerts réalisés par Luz, Nine Antico et Erwann Terrier. Et quand revient l'été, entre mi-juillet et mi-août, la musique live fait relâche pour céder la place aux apéros-mix animés par des DJ sur la terrasse en bordure du canal.

Le Bataclan

50, boulevard Voltaire, 11ᵉ • M° Oberkampf
Tél. 01 43 14 20 62 • www.le-bataclan.com

Show Must Go On. Saviez-vous que le nom Bataclan vient de *Ba-Ta-Clan*, une "chinoiserie musicale" d'Offenbach ? Que le mot "bataclan" désigne un attirail d'objets variés, à l'image de la programmation qui mélange volontiers les genres ? Que l'expression "et tout le bataclan" signifie "et tout le reste" ? Ces considérations nous éloignent du rock'n'roll, nous sommes d'accord, mais un peu de culture générale ne peut pas faire de mal. Ouvert en 1865, le Bataclan, remarquable par son architecture d'inspiration chinoise, fut d'abord un café-concert où défilèrent les stars de l'époque comme Aristide Bruant, Félix Mayol ou... Buffalo Bill. Après diverses péripéties qui le virent se transformer en théâtre ou en cinéma, l'endroit redevint une salle de spectacle, sa vocation première, dans les années 80. Aujourd'hui, même si des groupes comme Thin Lizzy, Black Rebel Motorcycle Club, Slayer ou Bad Religion sont passés par le Bataclan, le rock n'est plus seul maître à bord et partage la programmation avec des humoristes et des artistes de variété internationale.

Gibus Club

18, rue du Faubourg-du-Temple, 11e • M° République
Tél. 01 47 00 78 88 • www.gibus.fr

Lieu culte. Si le Gibus a ouvert ses portes en 1967, il a dû attendre les années punk, à partir de 1977, pour connaître son heure de gloire avec les concerts d'Asphalt Jungle emmené par Patrick Eudeline. John Genzale, alias Johnny Thunders, guitariste des New York Dolls puis de son groupe The Heartbreakers, en fut l'un des piliers (parfois chancelant) tout au long des années 80. Ensuite, le Gibus s'est éloigné de notre sujet pour s'ouvrir au hip hop et à la musique électronique, avant d'effectuer un retour remarqué au rock dans les années 2000, notamment avec les soirées "Rock & Roll Friday" organisées par Philippe "Philman" Manœuvre, qui ont révélé la nouvelle génération de groupes français comme les BB Brunes. Aujourd'hui, cette salle devenue légendaire organise les Espoirs Rock du Gibus ainsi qu'un festival inter-écoles ouvert à la scène rock étudiante, et son festival Rock the Gibus, dont la finale de la deuxième édition s'est déroulée en 2011 à l'Olympia.

Le Nouveau Casino

109, rue Oberkampf, 11e • M° Parmentier ou Rue-Saint-Maur
Tél. 01 43 57 57 40 • www.nouveaucasino.net

Maximum Rock'n'Roll. Cette ancienne usine de boulons se définit comme une "petite salle internationale de quartier", où de nombreux groupes anglais et américains démarrent leur tournée européenne. Le Nouveau Casino met en avant ses atouts techniques et la qualité de son acoustique mais aussi l'élégance de son décor, qui n'est pas incompatible avec une programmation régulière de metal – Sepultura s'y est produit en 2009 – et des différentes familles de la musique qui nous occupe aujourd'hui, de l'indie rock au punk et au post punk ou du rock garage au hardcore... Ces choix découlent du travail de la toute première directrice du lieu, Marie-Pierre Bonniol, cofondatrice de la revue littéraire *Minimum Rock'n'Roll* qui traite de sujets essentiels comme "rock et poil" ou "rock et chaussures". Mais, comme il n'y a pas que le rock dans la vie, le Nouveau Casino ouvre aussi ses portes à l'electro, au funk et au hip hop.

La Scène Bastille

2 bis, rue des Taillandiers, 11e • M° Ledru-Rollin ou Bastille
Tél. 01 48 06 50 70 • www.scenebastille.com

Melting pot. À la Scène Bastille, on met un point d'honneur à "brasser les cultures pour former un melting pot digne des USA" et mélanger, selon les soirs et les humeurs, blues, trip-hop, electro, metal, salsa, chanson française… et rock, bien sûr, de la brit pop au rock indé, avec plusieurs groupes invités dans une soirée. Décor élégant et soigné, prix raisonnables (entre 12 et 20 €) et bar de rigueur : franchement, que demande le peuple ? Le week-end, le clubbing reprend ses droits et varie les ambiances, tour à tour electro, gay friendly, funk ou Caraïbes.

Les Combustibles

14, rue Abel, 12e • M° Gare-de-Lyon ou Ledru-Rollin
Tél. 01 58 51 17 31 • www.myspace.com/lescombustibles

Light My Fire. Petite salle d'une centaine de places ouverte fin 2009, les Combustibles revendique un esprit rock'n'roll et volontiers rebelle, sans pour autant s'enfermer dans les limites trop étroites d'une chapelle musicale. Le lieu est donc plus porté sur le punk rock et le garage que sur la pop, ce qui n'interdit pas d'ouvrir la programmation à l'afrobeat et aux musiques venues de Jamaïque, en particulier le ska et le rocksteady, notamment à travers des soirées organisées avec le label Patate Records (voir p. 42). Les groupes programmés – du mercredi au samedi – sont plutôt jeunes et le prix des concerts (de 3 à 12 €) en rapport avec leur notoriété. Pour ceux à qui le rock donne faim (et soif, surtout), signalons la présence d'un bar et d'un restaurant à l'enseigne des Combustibles, dont la devise, "À écouter et à voir, à manger et à boire", résume la vocation plurielle.

Le Batofar

Port de la Gare, 13e
M° Bibliothèque-François-Mitterrand ou Quai-de-la-Gare
Tél. 09 71 25 50 61 • www.batofar.org

Curiosités sensorielles. Non, le Batofar n'est pas réservé aux dingos d'electro ! Les autres musiques vivantes sont les bienvenues sur cet autoproclamé "navire de curiosités sensorielles", amarré à quelques encablures de la Grande Bibliothèque. Le mardi, un tremplin proposé en partenariat avec l'association My Rock donne le micro à de jeunes formations. Les autres jours, des concerts de rock, mais aussi de trip hop, de folk, de punk ou de metal, permettent de découvrir des groupes plutôt pointus issus de petits labels, coups de cœur des programmateurs. Les prix sont raisonnables : 12 € pour les tremplins, 15 € pour les autres sets. Le Batofar se veut aussi un lieu de création contemporaine et mène, depuis 2007, des actions de développement culturel en accueillant des artistes en résidence et en multipliant les initiatives à destination du public sous forme d'ateliers, de parcours pédagogiques ou de stages de pratique artistique.

La Dame de Canton

Port de la Gare, 13e
M° Bibliothèque-François-Mitterrand ou Quai-de-la-Gare
Tél. 01 45 84 41 71 • www.damedecanton.com

China Girl. Construite à Canton dans les années 70, cette jonque chinoise a d'abord fait le tour du monde pendant plusieurs années avant de venir s'amarrer à Paris, non loin du Batofar. À ses débuts, la Dame de Canton s'appelait la Guinguette Pirate. Aujourd'hui, elle a simplement changé de nom mais propose toujours des spectacles vivants sur son pont supérieur, dont une majorité de concerts de rock, à raison d'un set quotidien du mardi au samedi, suivi d'une soirée clubbing le weekend. La programmation met en avant la découverte de jeunes talents : des artistes comme Noir Désir, Matthieu Chedid, Nosfell ou Louise Attaque ont joué à bord quand ils n'étaient pas encore très connus. Pour info, les billets s'achètent sur place le soir même, à partir de 20h (CB non acceptée).

LIVE IN STUDIO

Comment choisir un studio d'enregistrement ? Laissons de côté le cas des groupes confirmés qui savent où et comment enregistrer – et qui disposent du budget adéquat – pour nous concentrer sur les musiciens débutants, dont l'enthousiasme est inversement proportionnel aux économies et à l'expérience. Le prix est un premier critère, mais les caractéristiques du matériel disponible constituent aussi un élément de choix, à condition de disposer d'un minimum de compétences techniques, ce qui n'est pas toujours évident. Reste alors le feeling, ou comment se déterminer en fonction de l'ambiance, de la qualité de l'accueil et des prestations proposées. Un conseil : se renseigner sur le nom des musiciens passés par là, ce qui donne une bonne idée de la couleur musicale de l'endroit. Et puis, il est toujours agréable de mettre ses pas dans ceux d'illustres prédécesseurs dont on admire la musique. À Villetaneuse, les anciens studios Vogue, construits en 1968 et repris en 2000 après quatorze ans d'inactivité, permettent d'enregistrer dans de grands espaces dotés d'une acoustique d'exception. Dutronc, Marvin Gaye, Johnny, Gainsbourg et bien d'autres ont enregistré ici. Pourquoi pas vous ?

MidiLive

28, rue Marcel-Sembat • 93430 Villetaneuse
www.midilive.fr

La Boule Noire

120, boulevard de Rochechouart, 18e • M° Pigalle ou Anvers
Tél. 01 49 25 81 75 • www.laboule-noire.fr

Black Balls of Fire. Née en 1822, la Boule Noire a servi tour à tour de salle de danse, de cabaret et de cinéma avant de se transformer en salle de concert dans les années 90. Sa capacité de 200 places en fait un lieu propice aux découvertes de jeunes groupes et aux concerts intimistes favorisant la proximité avec les musiciens. Ce qui ne ferme pas pour autant la porte à des formations confirmées : Big Brother, le groupe historique de

Janis Joplin, s'y est produit en 2010. Et l'on peut citer aussi, sur la liste des artistes qui ont joué à la Boule Noire, Metallica, Supergrass, Daniel Darc, The Libertines, Les Négresses Vertes, Franz Ferdinand ou encore Parabellum.

La Cigale

120, boulevard de Rochechouart, 18e • M° Pigalle ou Anvers
Tél. 01 49 25 81 75 • www.lacigale.fr

Kung Fu Fighting. En 1887 ouvre la Cigale, théâtre à l'italienne qui deviendra ensuite un cabaret fréquenté par les chanteurs français, avant de se transformer en un cinéma populaire spécialisé dans les films de kung-fu. Un siècle plus tard, en 1987, les Rita Mitsouko et le designer Philippe Starck donnent une nouvelle impulsion à cette petite salle élégante et chaleureuse, classée Monument historique. Depuis, la Cigale a vu défiler tout ce que le rock compte d'artistes singuliers comme Willy DeVille, John Hiatt, les belles Debbie Harry (chanteuse de Blondie) et Marianne Faithfull, la sulfureuse Nina Hagen, Elvis (Costello, pas Presley), The Jon Spencer Blues Explosion, Jimmy Page et Robert Plant ou encore les Wampas. On ne va pas tous les citer, un seul tome de ce guide n'y suffirait pas…

Le Divan du Monde

75, rue des Martyrs, 18e • M° Pigalle ou Abbesses
Tél. 01 40 05 06 99 • www.divandumonde.com

We Are the World. Bel endroit que le Divan du Monde, entièrement rénové en 2009 et dont l'atmosphère mêle influences brésilienne, africaine et asiatique. Mais cette déco très marquée par la culture "world" n'empêche pas le rock d'assurer l'essentiel de la programmation, avec une majorité de groupes de metal et de rock indé. Le Divan du Monde accueille plusieurs concerts du festival Les Femmes s'en mêlent, rendez-vous de la scène féminine indépendante depuis 1997, et se targue d'avoir invité par le passé des artistes comme Shannon Wright ou Cat Power, avant qu'elles ne soient connues. À l'attention des groupes qui font du bruit, il est bon de signaler que la capacité sonore de la salle, revenue à 105 dB depuis 2010, les autorise enfin à donner toute leur puissance sur scène.

À VOUS DE JOUER !

Place forte traditionnelle des cabarets et des salles de spectacle parisiens où travaillent des musiciens professionnels, les environs de la place Pigalle – en particulier la rue de Douai et la rue Victor-Massé – accueillent depuis toujours de nombreux magasins d'instruments de musique. Reste à choisir celui qui vous conviendra le mieux, ce qui n'est pas une mince affaire. En dehors de critères essentiels comme l'offre disponible, la compétence des vendeurs et le prix, la qualité de l'accueil et la possibilité d'essayer le matériel sont déterminantes. Le plus simple est de pousser la porte et de se faire sa propre idée ou, mieux encore, de demander son avis à des copains musiciens. Les guitar-héros en herbe peuvent faire un détour par **Centrale Guitars** et ses quatre magasins. Ils n'oublieront pas de noter l'adresse de **VHM**, grand spécialiste des amplis, ni celle de **la Pédale**, où ils trouveront de quoi se livrer à quelques effets sonores dignes (ou presque) de Hendrix. Les esprits frappeurs hanteront **la Baguetterie**, lieu dédié aux batteries et percussions en tout genre. Mais il suffit de jeter un œil aux forums internet pour constater que les avis divergent sur les magasins de Pigalle et sur le degré de sympathie de certains vendeurs… Dans ce cas, ne pas hésiter à faire un pas de côté en direction du magasin **Paul Beuscher** (partenaire du festival Rock the Gibus) ou de **Musikia**, véritable hypermarché de la musique qui offre l'avantage d'être central et de proposer un large choix. Les plus fainéants peuvent aussi cliquer sur le site du cyberstore allemand **Thomann**, réputé pour ses prix et l'étendue de sa gamme. À condition de ne pas oublier qu'un instrument de musique doit d'abord être essayé "en live" avant d'être acheté.

Centrale Guitars

12, rue de Douai, 9e • M° Pigalle
Tél. 01 42 81 13 15 • www.centraleguitars.com

VHM (Valve's House Music)

11, rue Houdon, 18e • M° Pigalle
Tél. 01 42 55 01 00

La Pédale

37, rue Victor-Massé, 9e • M° Pigalle
Tél. 01 48 78 44 45 • www.lapedale.fr

La Baguetterie
36-38, rue Victor-Massé, 9ᵉ • M° Pigalle
Tél. 01 42 81 06 80 • www.baguetterie.fr

Paul Beuscher
15-27, boulevard Beaumarchais, 4ᵉ • M° Chemin-Vert ou Bastille
Tél. 01 44 54 36 00 • www.paul-beuscher.com

Musikia
11, boulevard de Sébastopol, 1ᵉʳ • M° Châtelet
Tél. 01 55 34 99 39 • www.musikia.com

Thomann
www.thomann.de

Élysée Montmartre

72, boulevard de Rochechouart, 18ᵉ • M° Anvers
Tél. 01 44 92 45 36 • www.elyseemontmartre.com

I'm on Fire. Construit en 1807, à une époque reculée où le rock n'existait même pas, il a bien fallu occuper l'Élysée Montmartre pendant toutes ces années. C'est ainsi que l'endroit vit défiler, en vrac, le french cancan, Valentin le Désossé, la Goulue, Toulouse-Lautrec, des combats de catch commentés par Roger Couderc, le *Rabelais* de Jean-Louis Barrault (sur une musique de Michel Polnareff) ou le sulfureux spectacle *Oh ! Calcutta !*... Aujourd'hui, place au rock ! Cette salle de 1 200 places, classée aux Monuments historiques et dont vous apprécierez la façade en entrant (vous ne savez pas dans quel état vous serez en sortant), programme une grosse centaine de concerts par an et accueille volontiers des groupes qui n'hésitent pas à pousser le bouton de leurs amplis. On note une dominante de metal sous toutes ses formes, mais aussi de punk rock ou de hip hop, ce qui n'a pas empêché des artistes comme les Pretenders ou Bashung de s'y produire. Bref, on est loin du french cancan. La salle a été en partie détruite par un incendie en mars 2011, mais devrait reprendre ses activités dès que possible.

La Machine du Moulin Rouge

90, boulevard de Clichy, 18e • M° Blanche
Tél. 01 53 41 88 89 • www.lamachinedumoulinrouge.com

Welcome to the Machine. À l'origine était la Locomotive, une salle ouverte à la place de l'ancien Bal du Moulin Rouge. La "Loco" hébergea dans les années 60 des formations devenues légendaires comme les Kinks, avant de se transformer en une salle de techno, puis de hip hop et de R'n'B. Aujourd'hui, elle a laissé la place à la Machine du Moulin Rouge. L'emplacement est le même, la disposition intérieure aussi, avec trois salles qui proposent des concerts de rock et des soirées clubbing : le Central et ses 800 à 1 000 places, le Bar à bulles et la Chaufferie, dont les tuyaux rappellent que l'endroit fut jadis la véritable chaufferie du Moulin Rouge voisin. À la Machine, où l'on pratique volontiers éclectisme et mélange des styles, un seul critère prévaut au moment de programmer les groupes, qui ne sont pas encore connus du grand public et n'ont pas les honneurs de la radio : la capacité à "assurer" sur scène. Une fois par mois, la soirée "MotorPsycho" ravira les amateurs de rockabilly, de rock'n'roll et de rock garage.

Le Trianon

80, boulevard de Rochechouart, 18e • M° Anvers
Tél. 01 44 92 78 00 • www.letrianon.fr

Le rock, c'est chic. Difficile de faire plus chic que le Trianon pour organiser des concerts de rock... Cet ancien théâtre de music-hall, inscrit à l'inventaire des Monuments historiques, a rouvert ses portes en novembre 2010. Il se consacre désormais à la musique et programme bon nombre de groupes "installés" – il faut bien remplir la salle, d'une capacité de 1 500 places. D'où la présence à l'affiche d'artistes comme The Deftones, Tricky, Carl Barât, Mogwai, Aaron, Sisters of Mercy ou le "Zoulou blanc" Johnny Clegg. En plus d'un restaurant ouvert au public, le Trianon accueille deux bars joliment nommés la Salle de bal et le Jardin d'hiver.

La Bellevilloise

19-21, rue Boyer, 19e • M° Gambetta ou Ménilmontant
Tél. 01 46 36 07 07 • www.labellevilloise.com
Ouvert du mercredi au dimanche

Culture pour tous. La Bellevilloise est un site historique : née au lendemain de la Commune, en 1877, elle s'était donné pour objectif de faciliter l'accès des classes sociales défavorisées à la culture et à l'éducation politique. Elle a rouvert ses portes en 2005 avec la volonté de s'affirmer comme un espace culturel indépendant d'activités artistiques. Tout à la fois lieu de spectacles et d'expos, café-restaurant et salle de projection pour artistes, la Bellevilloise organise aussi des concerts dans tous les styles de musique. Le rock se partage entre les trois salles : les concerts acoustiques se tiennent à la Halle aux Oliviers et au Forum, tandis que les adeptes de l'électricité sont invités à brancher leurs amplis sur la scène du Club, une fois par mois en moyenne, à raison de trois groupes différents par soirée.

Le Cabaret Sauvage

Parc de la Villette, 19e • M° Porte-de-Pantin ou Porte-de-la-Villette
Tél. 01 42 09 03 09 • www.cabaretsauvage.com

News of the World. Situé tout près du Zénith, mais de l'autre côté du canal de l'Ourcq, le Cabaret Sauvage rime avec "métissage" : ce très beau chapiteau, ouvert en 1997, se consacre avant tout aux musiques du monde à travers des événements comme les Folles Nuits Berbères ou Ramdams du Ramadan. Mais Brandon Flowers, le chanteur des Killers, s'est produit au Cabaret en 2010, et une dizaine de concerts entremêlant influences rock et traditions musicales venues d'ailleurs sont organisés chaque année. Des noms ? Os Mutantes, collectif brésilien psychédélique formé en 1966, Ana Carolina, chanteuse pop-rock brésilienne, ou encore Ben'Bop, un groupe qui mixe folk africain et world music.

« Pour les instruments, je suis un inconditionnel de Guitare Village, à Domont, dans le Val-d'Oise. Le choix de guitares est énorme, notamment en occasion, les prix sont raisonnables et ils assurent un bon service à leurs clients. Quand on n'a pas beaucoup d'argent, c'est le magasin idéal. À Paris, je sors dans des bars comme l'OPA, où la programmation est assez éclectique. Ils passent du rock, mais aussi du folk, et ils organisent des concerts de temps en temps. Chez Alphonse, rue Saint-Bernard, on peut écouter de la bonne musique, s'installer à l'extérieur sur des transats ou participer à des blind tests avec des gens plutôt relax. J'apprécie beaucoup le bar la Féline, à Ménilmontant. Les groupes qui jouent ici viennent des labels indépendants et sont moins amateurs, le public est décontracté et l'atmosphère moins prétentieuse que du côté de Bastille. Et les consos sont moins chères ! Pour les concerts, je vais souvent à Point Éphémère, près du canal Saint-Martin. C'est sympa, les prix sont honnêtes, ils accueillent de bons groupes et les soirées durent assez longtemps. Je fréquente régulièrement l'Élysée Montmartre pour sa programmation et ses prix attractifs. C'est là que j'ai vu The Jon Spencer Blues Explosion pour 20 €... J'aime bien aussi le Klub, près des Halles, où je peux écouter des groupes de metal dans une ambiance assez cool. »

GABRIEL, GUITARISTE-BASSISTE DE ORANGE HEALTH CLUB

→ Guitare Village • 161, avenue Jean-Rostand • 95330 Domont

→ OPA • 9, rue Biscornet, 12e

→ Chez Alphonse • 12, rue Saint-Bernard, 11e

Espace B

16, rue Barbanègre, 19e • M° Corentin-Cariou
Tél. 01 40 37 30 29 • www.espaceb.net

Walk on the Wild Side. "B" comme Barbanègre, du nom de cette petite rue du 19e arrondissement située en bordure du canal de l'Ourcq, de l'autre côté du parc de la Villette. Depuis avril 2010, la direction de ce bar qui programme des concerts dans son arrière-salle a changé : *exit* le blues, bonjour le rock ! De 150 à 200 personnes viennent cinq soirs par semaine écouter deux ou trois groupes pour un prix modique (de 5 à 8 €). Décidé à se démarquer des salles parisiennes installées, Espace B favorise la découverte de jeunes formations pas encore connues qui s'illustrent plutôt dans le rock indé, le punk ou le rock bruitiste. En prime, une vente de disques vinyles est organisée environ une fois tous les deux mois.

Glazart

7-15, avenue de la Porte-de-la-Villette, 19e • M° Porte-de-la-Villette
Tél. 01 40 36 55 65 • www.glazart.com

Heart of Glaz'. Voilà une bonne quinzaine d'années que Glazart, une ancienne gare routière abandonnée et squattée avant d'être transformée en scène musicale, anime les soirées de cet arrondissement de l'Est parisien longtemps parent pauvre en matière d'offre culturelle (mais les choses changent, heureusement, comme en témoigne l'ouverture du Centquatre). À la fois salle de concert et de clubbing tournée vers la création musicale contemporaine, Glazart est un lieu pluridisciplinaire qui programme aussi des projections vidéo et autres manifestations visuelles et graphiques. L'offre musicale mêle l'electro au hip hop et le funk au rock sous toutes ses formes, de la pop au metal, du noise au rock indus ou au post rock. La salle a été renovée afin de doubler sa capacité (elle peut accueillir 600 personnes), tandis que la terrasse, singularité du lieu, permet toujours d'en griller une tout en profitant de l'ambiance sonore.

Le Trabendo

211, avenue Jean-Jaurès, 19e • M° Porte-de-Pantin
Tél. 01 42 01 12 12 • www.trabendo.fr

Madhouse. Installé dans l'une des "Folies" du parc de la Villette, le Hot Brass fut d'abord un lieu de rendez-vous pour passionnés de jazz et de black music. Depuis le début des années 2000, cette salle de 700 places, rebaptisée Trabendo et décorée par le graphiste urbain Futura 2000, s'est ouverte à tous les styles musicaux. De grosses pointures comme Metallica ou Supergrass s'y sont produites, mais aussi de jeunes groupes comme Vampire Weekend ou les BB Brunes. Pour l'anecdote, c'est là que Mika a donné son tout premier concert parisien, en 2007 (note de l'éditeur : "Mika, ce n'est pas du rock, coco !"). Le Trabendo héberge parfois des festivals de metal en accueillant des plateaux de six ou sept groupes (le site de la Villette est bien pratique pour garer les cars des techniciens) et a organisé, en 2009 et 2010, un festival de rock garage en association avec le label Born Bad Records (voir p. 23).

La Flèche d'Or

102 bis, rue de Bagnolet, 20e • M° Gambetta ou Porte-de-Bagnolet
Tél. 01 44 64 01 02 • www.flechedor.fr
Ouvert selon la programmation de 20h à 2h

Hot Rails to Hell. Pour les passionnés d'histoire ferroviaire, il est toujours bon d'apprendre que *La Flèche d'Or* était le nom d'un train rapide, inauguré en 1926, qui reliait Paris à Londres. Pour ceux qui préfèrent écouter "Train in Vain" des Clash plutôt que de lire *La Vie du rail*, il est plus important de savoir que c'est aujourd'hui le nom d'une salle installée dans l'ancienne gare de Charonne, où l'on entend plus volontiers le son des guitares que le ronflement des locomotives. Depuis un changement de propriétaire en 2009, la Flèche d'Or favorise la découverte de nouveaux talents en privilégiant la scène musicale en développement. Même si les musiques actuelles et la chanson française sont les bienvenues, la tonalité rock et pop domine à travers les quatre ou cinq soirées rock hebdomadaires, où se succèdent trois ou quatre mini-concerts. Un vendredi par mois, le Inrocks Indie Club est organisé en partenariat avec *Les Inrockuptibles*.

« À la fin des années 70 et au début des années 80, il n'existait pas beaucoup d'endroits à Paris pour nous, les punks. On n'avait pas assez d'argent pour se payer des concerts dans des salles comme le Rose Bonbon, Mogador, le Gibus ou le Palace. Et quand on sortait, on risquait de se faire dépouiller par les teddy boys ou les skinheads... Cette période était assez violente. Quand tu étais punk, tu avais intérêt à courir vite si tu voulais finir la soirée avec tes fringues et un peu de fric en poche ! On ne voulait pas seulement voir des concerts, on voulait aussi jouer notre musique. Il y avait une vraie dimension politique dans notre démarche. D'où un repli stratégique sur les quartiers en voie de démolition du 20e arrondissement, peuplés d'immigrés, où les flics et les skins s'aventuraient rarement. C'est là que sont nés les premiers concerts, dans les squats de la rue Vilin et de la rue des Cascades, sur les hauteurs de Belleville.
Bérurier Noir, Guernica, Lucrate Milk et d'autres acteurs de la scène alternative en devenir avaient théorisé cette idée : comme nous n'avons pas de lieux pour créer notre musique, inventons-les !
La rencontre avec les squatteurs du 20e et un monde où se mêlaient militants politiques, punks et zonards occasionnels fut décisive. Puis les premiers bars rock ont ouvert au milieu des années 80. On a bien rigolé entre 1981 et 1984, quand la gauche venait d'arriver au pouvoir. La musique avait encore une petite capacité de subversion. Ensuite, il y a eu le tournant de la rigueur et les premières expulsions de squatteurs. La musique est devenue un produit de consommation courante digéré par le commerce.
Une autre époque commençait... »

RÉMI PÉPIN, ANCIEN BASSISTE DE GUERNICA
ET AUTEUR DE "REBELLES. UNE HISTOIRE DE ROCK ALTERNATIF"
(ÉD. HUGO ET COMPAGNIE)

La Maroquinerie

23, rue Boyer, 20e • M° Ménilmontant ou Gambetta
Tél. 01 40 33 35 05 • www.lamaroquinerie.fr

Rock à la Maroq'. Depuis son rachat en 2003, la Maroquinerie affiche une programmation orientée vers la pop et le rock indé. Elle associe un café-restaurant et une salle de 500 places où des concerts sont organisés tous les jours. La salle propose aussi les Nuits de l'Alligator, à l'origine un festival de blues qui se consacre désormais au "blues déviant", à savoir un savant mélange de groupes de rock garage et de folk. La Maroquinerie a aussi accueilli les festivals Les Femmes s'en mêlent et Inrocks Indie Club, avant qu'ils ne migrent vers d'autres salles parisiennes comme le Divan du Monde (voir p. 78) et la Flèche d'Or (voir p. 85). Des soirées sont réservées aux "professionnels de la profession" de la musique, mais il suffit d'aller faire un tour sur le site Deezer pour gagner des invitations et faire ainsi partie des veinards invités à des concerts privés, comme ceux de Katerine ou PJ Harvey.

Les Instants Chavirés

7, rue Richard-Lenoir • 93100 Montreuil • M° Robespierre
Tél. 01 48 58 91 90 • www.instantschavires.com

Search & Destroy. Indifférents aux modes et aux courants dominants, les Instants Chavirés ne jurent, depuis leur ouverture en 1991, que par l'expérimentation et les chemins de traverse. "Laboratoire des musiques improvisées, expérimentales et bruitistes", ce lieu s'ouvre aussi aux arts visuels en organisant des ateliers, des conférences et des expositions. Le rock y a sa place, mais un rock "déviant" qui s'amuse à casser les formes et à inventer de nouvelles voies volontiers bruitistes, dans la lignée de groupes comme Sonic Youth, Api Uiz, Ligthning Bolt (formation américaine de noise rock expérimental) ou les Néerlandais de The Ex, partis du punk en 1979 pour élargir leur propos à toutes les formes musicales, tout en ne cessant d'affirmer leur engagement politique. Un endroit hors normes, dans l'esprit de disquaires comme Souffle continu (voir p. 26) et Bimbo Tower (voir p. 23), qui explore l'infinie diversité d'une musique capable de renouvellement permanent.

Mains d'Œuvres

1, rue Charles-Garnier • 93400 Saint-Ouen • M° Porte-de-Clignancourt
Tél. 01 40 11 25 25 • www.mainsdoeuvres.org

Meet the Residents. Lieu pluridisciplinaire "pour l'imagination artistique et citoyenne", Mains d'Œuvres est ouvert à la musique, à la danse, au théâtre et aux arts visuels. Une cinquantaine de concerts sont organisés chaque année, dont 80 à 90 % sont consacrés au rock, avec des groupes en développement issus de la mouvance du rock indépendant. Mains d'Œuvres travaille en association étroite avec huit groupes résidents permanents et leur propose, en plus d'une salle de 300 places, dix-neuf studios de répétition ainsi qu'un studio d'enregistrement. Ils peuvent ainsi préparer un album ou une tournée et inviter d'autres musiciens à jouer avec eux. Herman Dune a été résident plusieurs années, et Serge Teyssot-Gay y a travaillé au projet Zone Libre avec les rappeurs Casey et Hamé.

Le Plan

1, rue Rory-Gallagher • 91130 Ris-Orangis • RER Orangis-Bois-de-l'Épine
Tél. 01 69 02 09 19 • www.leplan.com
Ouvert du lundi au vendredi de 10h à 18h

In Memory of Rory. Amis rockers parisiens, n'hésitez pas à franchir le périphérique pour découvrir les joies de la banlieue ! Depuis 1989, le Plan peut se vanter d'avoir accueilli la fine fleur du rock, de John Mayall à Little Bob, des Animals à Motörhead, des Ramones à Dr. Feelgood, de Gong à Willy DeVille. Et votre musique favorite constitue toujours la majeure partie de la programmation de cette salle de 600 places, même si celle-ci s'ouvre largement à la chanson, à la soul, au funk ou au rap. Au-delà des concerts, le Plan mène des missions d'intérêt général et s'implique dans l'action culturelle en organisant des ateliers de création, en accueillant des artistes en résidence et en accompagnant chaque année six groupes locaux dans l'élaboration de leur projet. Le Plan permet aussi aux populations locales, dans toute leur diversité, d'accéder à une offre musicale variée et de qualité. Et n'oublions pas que c'est en ce lieu que Rory Gallagher, immense guitariste et chanteur irlandais disparu en 1995, donna ses derniers concerts sur le sol français.

“J’ai grandi au Havre et j’ai découvert Paris grâce à ses salles de concert et à ses bars. Le Pop In est le “lieu rock” que je préfère. L’ambiance est vraiment bonne et la musique excellente grâce à Denis, le programmateur, qui passe aussi bien du rock que de la pop ou de l’electro. Le Pop In est devenu le repaire de Lipstick Traces, notre groupe, très influencé par l’esprit des sixties et par des formations d’aujourd’hui comme les Arctic Monkeys. J’aime aussi des endroits comme la Flèche d’Or, où nous avons participé à une soirée en hommage à Bowie, et le Gibus, où nous avons donné notre tout premier concert parisien, qui était aussi le deuxième de notre jeune carrière. Aujourd’hui, nous jouons une fois par mois aux Combustibles, où nous sommes en résidence depuis plus d’un an. C’est Gilles Riberolles, un ancien rock critic, qui nous a mis sur le coup. Les gens qui s’en occupent sont vraiment bien et le son est de très bonne qualité. Nous avons aussi assuré des premières parties dans de plus grandes salles comme le Nouveau Casino et le New Morning, où nous avons ouvert pour les Yardbirds – enfin, ce qu’il en reste ! J’adore le New Morning, à la fois pour son ambiance et pour son architecture. En dehors de Lipstick Traces, je travaille actuellement à un projet “electro pop” à la salle Mains d’Œuvres, en proche banlieue. Les conditions de répétition sont idéales, les responsables sont sympas et leurs tarifs restent inférieurs à ceux pratiqués à Paris.”

THOMAS, GUITARISTE ET CHANTEUR DE LIPSTICK TRACES

6

Total Look

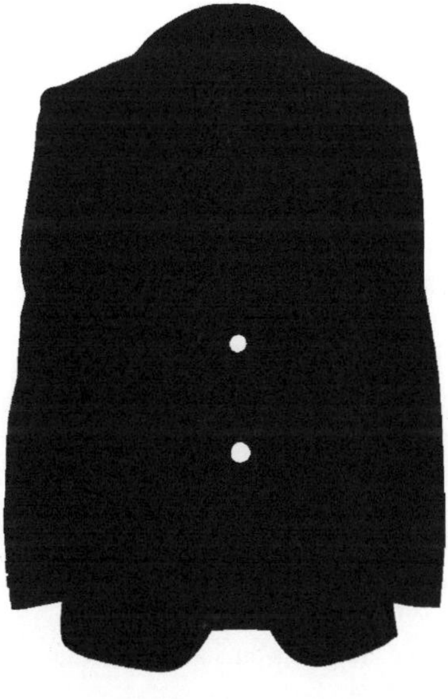

Parce que le rock a toujours été une affaire de style, de dégaine et d'apparence – de look, en un mot –, on ne saurait faire l'économie d'un détour par une boutique de fringues. Aujourd'hui, le look rock est à la mode. Le jean se porte slim, les Ray-Ban en mettent toujours plein la vue et le perfecto est redevenu plus que parfait. De quoi être la plus rebelle pour aller danser...

Dr. Martens

12, rue Pierre-Lescot, 1er • M° Les Halles
Tél. 01 40 26 93 00 • www.drmartens.com
Ouvert du lundi au vendredi de 11h à 19h30, le samedi de 10h30 à 19h30

What's up, Doc ? On ne peut pas parler de rock sans parler des "Doc", et ce n'est pas Pete Townshend des Who ou les survivants de The Clash qui nous démentiront. Chaussure orthopédique à sa création, juste après la Seconde Guerre mondiale, avant de devenir à partir de 1960 une icône intemporelle de la culture rock (quoique victime des caprices de la mode, comme tout le monde), la Dr. Martens – "Doc" pour les intimes, donc – est aujourd'hui fabriquée en Asie. Il ne reste plus qu'une seule usine en Angleterre, réservée à des séries limitées (et chères, forcément). Les Parisiens ont de la chance : en plein cœur des Halles, une boutique Dr. Martens perpétue le mythe et propose un large choix de modèles dans toutes les couleurs.

La Manufacture de beaux vêtements

21, rue des Halles, 1er • M° Châtelet ou Les Halles
Tél. 01 42 21 02 22 • http://manufacture.mbv.free.fr
Ouvert du lundi au samedi de 11h à 19h30

The Beautiful People. Que celui qui n'a jamais rêvé de chausser les boots des Beatles, de se glisser dans le costume des Blues Brothers ou de sortir avec des chaussures en python aux pieds, façon Keith Richards, nous jette la première pierre (qui roule, comme il se doit). Il suffit de pousser la porte de la Manufacture de beaux vêtements pour plonger dans le passé en direction des fifties et des sixties. Redingotes, chemises à col requin, *blue suede boots*, blazers Elvis à trois boutons et poche ticket, costumes typiques du Swingin' London, et même la veste portée par Patrick McGoohan, alias Numéro 6, dans la série *Le Prisonnier*... Depuis 1986, la Manufacture peut s'enorgueillir d'avoir habillé quelques stars plus ou moins rock'n'roll, de Madonna à Harvey Keitel (pour son costume dans *Reservoir Dogs*, de Tarantino) ou d'avoir officié pour une soirée *Mad Men* organisée par Canal +. Et si la prochaine fashion victim, c'était vous ?

Noir Kennedy

12 et 22, rue du Roi-de-Sicile, 4e • M° Saint-Paul
Tél. 01 42 71 15 50 ou 01 42 74 55 58 • www.noirkennedy.fr
Ouvert du lundi au samedi de 11h à 20h, le dimanche de 13h à 20h

Back in Black. Noir Kennedy se targue d'habiller les rockers de tout poil (quand il leur en reste) et de tous âges, mais l'essentiel de la clientèle est composée de vrais "djeuns" encore dans la vingtaine. On trouvera tout ce qui forme l'équipement du parfait amateur de rock (même si certains puristes dénient toute "street credibility" à Noir Kennedy) : des perfectos, des santiags, des blousons "bombers", des creepers, des Doc Martens, des vestes en jean, des robes façon pin-up ou encore des tee-shirts, à chacun(e) de choisir selon son style et sa période favorite. Et pour ceux qui s'ennuient pendant que leur copine se livre à divers essais vestimentaires, il est toujours possible d'admirer les cabines d'essayage en forme d'authentiques cabines téléphoniques londoniennes, ou le miroir inséré dans un vrai cercueil.

Nouvelle Scène

40, rue Rodier, 9e • M° Anvers ou Cadet
Tél. 01 42 81 27 63

Hair guitar. Envie d'être beau, oui, comme Bowie ? Facile, il vous suffit de pousser la porte de ce salon de coiffure dont la vitrine est décorée par une affiche de David Bowie, période *Aladdin Sane*. Alexandra, grande amatrice de rockabilly, de punk et de new wave, accueille ses clients baby rockers à partir de 3 ans et les plus grands sans limite d'âge. L'ambiance du lieu est franchement rock'n'roll, comme en témoigne la déco, entre une guitare, des affiches des Stones et de La Souris Déglinguée, des photos de Hendrix, Pete Doherty, Blondie ou Angus Young.

Il n'est d'ailleurs pas interdit de s'en inspirer pour demander la coupe de son choix, de même que l'on peut sélectionner la musique qui défilera sur la platine CD pendant qu'Alexandra officie.

Born Bad Exotica

11, rue Saint-Sabin, 11e • M° Bastille ou Bréguet-Sabin
Tél. 01 49 23 98 05 • www.bornbad.fr
Ouvert du lundi au samedi de 12h à 19h

Betty Jane Rose. Cette boutique cousine et presque voisine de Born Bad (voir p. 23) se consacre surtout aux vêtements, proposant un medley de marques contemporaines qui remettent les années 50 et 60 au goût du jour, de tenues *typically british* siglées Pop ou Ben Sherman et de superbes tee-shirts d'origine mexicaine La Marca del Diablo, frappés de têtes de mort et de la Vierge de Guadalupe. Le tout sur fond de masques de catcheurs mexicains, de bouquins sur les bagnoles ou sur l'art du tatouage, de sacs à l'effigie de Bettie Page et d'objets inspirés par l'univers tiki, très à la mode dans l'Amérique des fifties.

La Boutik

17, rue Keller, 11e • M° Bastille ou Ledru-Rollin
Tél. 01 48 05 57 71 • www.laboutik.fr • www.goeland.fr
Ouvert du lundi au samedi de 11h à 19h

Shirts and Curlies. Au départ était le Goéland, un atelier de sérigraphie lancé par François Gondry (alias Gondrax, ex-bassiste du groupe Ludwig Von 88) qui fabrique et vend par correspondance des tee-shirts "engagés" ou à l'effigie de groupes français alternatifs des années 80 comme Bérurier Noir (mais aussi des disques, des livres et divers accessoires). Puis le Goéland s'est adjoint une boutique baptisée... la Boutik. La spécialité de la maison ? Toujours les tee-shirts dédiés à des groupes de rock, de reggae ou de metal, de la Mano Negra aux Wampas ou à l'insubmersible Magma, sans oublier les incontournables Nirvana, Ramones ou Motörhead. Certains arborent des slogans très second degré, du style "Georges Marchais, reviens !". Pas très rock'n'roll, Marchais ? C'est vrai, mais on a bien le droit de sourire de temps en temps, non ?

TATTOO YOU

Rien de tel qu'un bon tatouage pour jouer les mauvais garçons ! Les rockers, bikers et autres *bad boys* (mais aussi les *bad girls*) restent des adeptes du tatouage "old school", avec ses couleurs vives et ses motifs classiques, dans la lignée du fameux Sailor Jerry, le père du tatouage américain. Le choix ne manque pas à Paris, mais attention à ne pas mettre les pieds (enfin, le corps) n'importe où ! Quelques conseils : discuter avec le tatoueur, ne pas se contenter de faire reproduire un dessin issu des flashs (ces planches qui proposent une gamme de motifs), ne pas hésiter à comparer, être prêt à mettre le prix, tout en sachant qu'il n'est pas à lui seul un critère de qualité, et savoir qu'un tatoueur digne de ce nom laisse toujours s'écouler un délai raisonnable entre le premier contact et le premier rendez-vous – car tout le monde, même le rocker le plus endurci, a le droit de changer d'avis. On peut aussi faire un tour dans une des nombreuses conventions pour se faire une idée. En n'oubliant pas qu'un tatouage est là pour la vie, et qu'il doit être le fruit d'une vraie rencontre…

L'Arche de Morphée
Tél. 01 43 66 05 37 • www.archedemorphee.com

Denis Grrr
www.d-grrr.com

Exxxotic Tatoos Paris
Tél. 01 46 36 09 25 • www.laurasatana.com

Tin-tin Tatouages
Tél. 01 40 23 07 90 • www.tin-tin-tattoos.com

Tribal Act
Tél. 01 43 38 85 11 • www.tribalact.com

L'Indien

30, rue Keller, 11e • M° Bastille ou Ledru-Rollin
Tél. 01 47 00 92 97 • www.indienboutique.fr
Ouvert du lundi au samedi de 10h30 à 19h

À chacun sa tribu. Dans les seventies, l'Indien était une figure incontournable du rock parisien. C'est en 1967, en pleine vague hippie, que Alain, surnommé ainsi par ses clients pour sa perruque et ses grandes capes, s'installa aux puces de Clignancourt, où il habilla des groupes de rock français, une partie des comédiens de *Hair* et les musiciens de Scorpions. Car, avant les Halles des années 80, c'est aux puces que se retrouvaient les rockers et alternatifs (le mot n'existait pas encore) de tout poil, lequel se portait plutôt long sur les épaules. Depuis, les enfants de l'Indien, aujourd'hui décédé, ont abandonné Clignancourt pour s'installer rue Keller, où leurs trois magasins se consacrent toujours aux vêtements, au fil des modes. La boutique du 25 privilégie la culture skate, celle du 36 affiche ses penchants gothiques pour lolitas, tandis que la principale, au numéro 30, propose un large choix agrémenté d'accessoires rigolos, comme ce sac à dos à enceintes intégrées pour brancher son lecteur MP3. Comme le chantait Dylan, *the times they are a-changin'*…

Rock Hair

→ 7, boulevard Beaumarchais, 11ᵉ • M° Bastille
Tél. 01 42 77 01 97 • www.myspace.com/rockhair
Ouvert du lundi au vendredi de 12h à 20h, le samedi de 11h à 19h
→ 68, quai de Jemmapes, 10ᵉ • M° République
Tél. 01 53 19 11 37 • Ouvert le lundi de 10h à 18h, du mardi au samedi de 10h à 20h

Toujours la banane ! Depuis les bananes des premiers rockers, la révolution de la coupe Beatles et les cheveux trop longs de ces jeunes voyous mal coiffés de Rolling Stones, on sait que le rock est aussi une affaire capillaire. Ouvert en 1975, Rock Hair a changé de quartier au gré du temps et des modes, passant de la rue de Bièvre aux Halles branchées des années 80, puis à la Bastille, où le salon est installé aujourd'hui. Ses six coiffeurs, qui viennent au travail le matin en apportant leurs propres disques, jouent des ciseaux dans différents styles, entre metal, electro pop et look à la Nina Hagen. Rock Hair propose sans rien imposer, selon le désir du client d'être "looké" à mort ou simplement bien coiffé. Une pile de CD trône à côté du comptoir, une affiche de Lennon revisité par le plasticien Mr. Brainwash est accrochée sur les murs, et la carte maison est toujours illustrée par Margerin, dont le personnage de Lucien est un hommage vibrant à l'art de la banane. Le prix de la coupe varie entre 29 et 35 € pour monsieur, entre 39 et 51 € pour madame.

7

Helter Skelter : rock en vrac

En anglais, *helter skelter* peut se traduire par "pêle-mêle" ou "tohu-bohu". Pour la petite histoire, c'est aussi le titre d'une chanson du *White Album* des Beatles à laquelle l'illuminé Charles Manson, en état de tohu-bohu mental et responsable en 1969 de l'assassinat de Sharon Tate, la femme de Roman Polanski, fera allusion pendant son procès. Photographie, brocantes, scooters, lieux cultes, festivals, conventions, vidéoclubs, cours de danse... Le rock ne se vit pas que sur disque !

La Galerie de l'Instant

46, rue de Poitou, 3e • M° Filles-du-Calvaire
Tél. 01 44 54 94 09 • www.lagaleriedelinstant.com
Ouvert du mardi au samedi de 11h à 19h
et le dimanche après-midi (vérifier avant de passer !)

Instant Karma. Même si cette toute petite galerie de photographie ne se limite pas à la musique, l'amateur est assuré d'y trouver en permanence de quoi satisfaire son amour du rock et de l'image. L'endroit est en effet le représentant officiel pour la France de Dominique Tarlé, le photographe qui a immortalisé le séjour des Rolling Stones à la villa Nellcote, sur la Côte d'Azur, pendant l'enregistrement de leur album *Exile on Main Street* à l'été 1971. On peut d'ailleurs, avec un peu de chance et beaucoup d'argent (il est tout de même coté à plus de 3000 €), dénicher *Exile*, le rarissime livre des photos de Nellcote édité par Genesis Publications et introuvable depuis longtemps. Les moins fortunés peuvent toujours se rabattre sur le catalogue de l'expo "Rocks Off", du même Tarlé, qui fixe sur la pellicule la scène rock londonienne des seventies, des Who à Hendrix ou Joe Cocker. D'autres photos de musiciens sont aussi disponibles à la galerie, comme celles de Serge Gainsbourg par Giancarlo Botti.

Centre de danse du Marais

41, rue du Temple, 4e
M° Rambuteau ou Hôtel-de-Ville
Tél. 01 42 77 58 19 • www.paris-danse.com

Let's Dance. Le rock s'écoute, mais il se danse aussi ! Pas besoin d'avoir une choucroute sur la tête ou une banane de titi gominé pour faire virevolter sa partenaire sur "Rock Around the Clock" de Bill Haley : quelques heures de cours, complétées par un zeste de souplesse et une bonne dose de rythme, feront l'affaire. Paris compte autant de cours de danse que de cheveux sur la tête, non pas de Mathieu, mais d'un fan d'Iron Maiden : on jouera donc la carte de la sécurité en se lançant sur le parquet du Centre de danse du Marais, en plein cœur de la capitale, où quatre professeurs feront de vous le John Travolta des années 2010 (enfin, ils feront leur possible).

Aux Comptoirs du chineur

49, rue Saint-Paul, 4e • M° Saint-Paul
Tél. 09 50 56 19 14
Ouvert du mardi au dimanche de 14h à 20h30

Bric-à-broc. Laurent, le boss des Comptoirs, définit ceux-ci comme une "boutique de brocante avec ambiance sonore". Tandis qu'un air de guitare hawaïenne défile sur la platine (vinyle, forcément vinyle), l'amateur de signes extérieurs de culture rock part à la recherche d'éventuelles bonnes affaires. Résultat des courses : une tête d'ampli Marshall, un tee-shirt de Sonic Youth, un dessin de Debbie Harry signé Serge Clerc (ex-dessinateur vedette de *Rock&Folk* et *Métal Hurlant*), des autocollants en forme de langue des Stones, des blousons de cuir et autres fringues, des paires de santiags et des disques posés par terre (7 € le 33-tours, 3 € le 45-tours). Les Comptoirs du chineur aiment bien le rock garage, le rock indé et la soul garage, mais aussi le twist, le jerk et tous leurs dérivés qui rappellent les fifties et les sixties. Les inconditionnels de matériel vintage pourront s'offrir pédales d'effets, magnétos à bandes, boîtes à rythmes, tables de mixage et autres synthétiseurs datant des années 70 et 80, sans oublier des orgues italiens des années 60, dont la célèbre marque Farfisa.

HD Diner

→ 6, square Sainte-Croix-de-la-Bretonnerie, 4e
M° Hôtel-de-Ville ou Rambuteau
Tél. 01 42 77 69 34 • www.happydaysdiner.com
→ 25, rue Francisque-Gay, 6e • M° Saint-Michel
Tél. 01 43 29 67 07
Ouvert tous les jours de 11h30 à minuit

Fonzy food. Si vous êtes nostalgique du film *American Graffiti* ou de la série télé *Happy Days*, allez donc faire un tour chez HD Diner ("HD" comme *Happy Days*, justement) pour déguster un Mega Burger accompagné d'un milk-shake dans un décor typiquement américain. Le mobilier vient des États-Unis, le juke-box est un authentique Wurlitzer sur lequel on peut programmer The Crests, The Everly Brothers ou Chuck Berry, et l'on s'attend à tout moment à voir débarquer Marty, le héros de *Retour vers le futur*, en plein voyage temporel. HD Diner a même lancé sa propre web radio, baptisée comme il se doit HD Diner Radio. Pas de quoi fouetter un Stray Cat, mais l'ambiance est plutôt sympa et la petite bouffée de nostalgie garantie, même pour ceux qui n'étaient pas encore nés dans les glorieuses années 50. Allez, on se remet Buddy Holly, on réajuste sa banane et on s'embarque pour les fifties !

Elvis My Happiness

9, rue Notre-Dame-des-Victoires, 9e • M° Bourse
Tél. 01 49 27 08 43 • www.elvismyhappiness.com
Ouvert du lundi au samedi de 10h30 à 13h et de 14h à 19h30

Love Me Tender. "My Happiness", c'est le titre de la toute première chanson d'Elvis Presley, gravée en 1953 sur un disque souple réalisé pour sa maman Gladys. C'est aussi le nom du fan-club officiel du King en France et d'une petite boutique parisienne où l'on trouve tout, et plus encore, sur Elvis : des CD et des vinyles, bien sûr, mais aussi des livres, des DVD, des photos, des timbres, des montres, des mugs, des étuis à lunettes et même ses tenues de scène (enfin, des copies...) ou des disques d'or. Le club compte quelque 5000 adhérents (cotisation annuelle : 35 €) de 11 à 80 ans. Pour ceux qui rêvent d'aller plus loin et de remonter aux sources, il organise tous les ans au mois d'août (faut-il rappeler qu'Elvis est mort le 16 août 1977 ?) un voyage d'une semaine à Memphis (comptez 2000 €) et célèbre en janvier l'anniversaire de sa naissance (faut-il rappeler qu'il est né le 8 janvier 1935 ?) avec des concerts au Petit Journal Montparnasse.

Gals Rock

17, rue Henri-Monnier, 9e • M° Pigalle ou Saint-Georges
Tél. 01 45 26 09 03 • www.galsrock.fr
Ouvert du mardi au samedi de 12h à 21h, le dimanche de 10h à 18h

Oh, les filles ! Oh, les filles ! En anglais, *gals* – "filles" – est l'équivalent féminin de *guys*. Ce lieu de vie ouvert en décembre 2009 se veut "dédié à la culture rock féminine" et organise chaque semaine showcases ou signatures. La musique est à l'honneur dans l'une des deux pièces de Gals Rock, où chacun peut s'installer sur le canapé, choisir l'un des CD rangés de face sur les présentoirs, l'écouter en dégustant un thé ou un café et feuilleter en même temps un numéro des *Inrockuptibles*. Points communs à tous les groupes proposés, qui vont de la pop à l'electro et au folk : ils revendiquent un ancrage rock, et les filles y occupent une place importante. Pour "fêter ses 1 an", Gals Rock a sorti une compilation de 18 titres qui permet d'illustrer la variété des goûts musicaux des deux fondatrices du lieu. L'autre pièce offre un mélange de livres, de revues comme le très original *Tom Tom Magazine* ("a magazine about female drummers") ou de vêtements (Gals Rock a lancé sa propre ligne de chemises). Sans oublier les irrésistibles gélules miracles de Dana Wyse, dont l'une, baptisée "Play Guitar Instantly", est accompagnée d'un médiator. Un peu de douceur féminine dans l'univers parfois très masculin du rock...

ROCK (SURTOUT) & FOLK (PAS TROP)
En empruntant l'allée qui mène au musée de la Vie romantique, le visiteur peut distinguer, sur sa droite, un petit pavillon. Pour les fidèles lecteurs de ***Rock&Folk***, l'endroit est historique : c'est là que naquit le magazine, en 1966, dans ce bâtiment qui fut d'abord un lieu dédié au jazz, siège du Hot Club de France puis de la rédaction de *Jazz Hot*. Les pigistes intimidés grimpaient l'escalier étroit pour apporter leurs articles aux deux Philippe, Koechlin et Paringaux, qui veillèrent aux destinées du mensuel jusqu'en 1990. Alain Dister, Philippe Garnier, Yves Adrien, Philippe Manœuvre, Antoine de Caunes, Laurent Chalumeau, Bayon, Karl Zéro, Thierry Ardisson et bien d'autres sont passés par cette minuscule bâtisse. Aujourd'hui, la rédaction a quitté Paris pour s'installer en banlieue, mais l'esprit de *Rock&Folk* plane toujours sur la rue Chaptal : juste en face s'est installé le disquaire Black Cherry Blues (voir p. 18), qui perpétue l'amour du rock'n'roll, du blues et du rhythm and blues.
14, rue Chaptal, 9e • M° Blanche ou Pigalle

Les Années Scooter

23, rue Faidherbe, 11e • M° Faidherbe-Chaligny ou Charonne
Tél. 01 46 59 47 90 • www.lesanneesscooter.com
Ouvert du lundi au vendredi de 10h à 19h

On the Road Again. Bêêêm, bêêêm, bêêêm… Ce doux bruit évoquant le ronronnement d'un moteur sert de bande-son aux BD à l'esprit rock'n'roll de Frank Margerin, peuplées de Mobylette, de Flandria, de bécanes en tout genre et de scooters, lesquels sont justement la spécialité de la maison (Margerin est d'ailleurs un copain du patron). Dans un décor à base de vieille pompe à essence, de bidons d'huile, d'objets des années 50 et de pubs vintage, Philippe Devant a installé son atelier de vente, de réparation et de restauration de scooters anciens et de collection. L'occasion de découvrir les machines allemandes Maico Mobil aux formes ahurissantes ou, véritable Rolls du genre, un modèle de la marque américaine Cushman (créatrice des premiers scooters en 1936) qui tient plus de la Harley que de la Vespa. Comptez en moyenne 3 500 € le scooter restauré et en état de marche (Vespa ou Lambretta) pour rejouer *Easy Rider* dans les rues parisiennes.

Bulles Zik

Gibus, Galerie et théâtre Le Temple
18-20, rue du Faubourg-du-Temple, 11e • M° République
www.bulleszik.com

Rock et BD, même combat ! Associer musique et bande dessinée, voilà une idée qui relève autant du bon sens que du bon goût : le rock et le neuvième art ont toujours fait bon ménage, et l'on ne compte plus les auteurs de BD qui taquinent l'instrument ou le micro à leurs heures perdues. Le succès des concerts de dessins organisés par le festival d'Angoulême, tout comme la multiplication des albums de bande dessinée traitant de la musique, témoignent de ce rapprochement naturel entre ces deux modes d'expression. Le président de Bulles Zik n'est autre que Christian Marmonnier, co-auteur avec Gilles Poussin d'une histoire de *Métal Hurlant*, ce mensuel qui donna naissance, sous la houlette de Philippe Manœuvre, au concept de BD rock. Le temps d'un week-end, des auteurs de BD se réunissent pour dédicacer leurs albums, participer à des ateliers ou, pour les plus mélomanes d'entre eux, à des concerts. Loin de la foule, Bulles Zik fait rimer "festival" avec "convivial" et s'ouvre à d'autres musiques que le rock. En 2010, des auteurs comme Charb, Jean Solé ou Dodo et Ben Radis (créateurs des *Closh* dans *Métal Hurlant*) ont participé à la quatrième édition, qui a décerné pour la première fois le prix Bulles Zik récompensant une BD "dont l'un des sujets essentiels est la musique". Après quatre éditions en banlieue, aux Lilas, le festival déménage en 2011 : dorénavant, les concerts ont lieu au Gibus, les dédicaces, dans la galerie située en face, et les ateliers, rencontres et tables rondes, au théâtre Le Temple.

Hors-Circuits

4, rue de Nemours, 11e • M° Parmentier ou Oberkampf
Tél. 01 48 06 32 43 • www.horscircuits.com
Ouvert du lundi au samedi de 12h30 à 20h30

Video Killed the Radio Star. Ce vidéoclub qui défend la diversité culturelle, les esthétiques différentes et la culture des marges ne pouvait que s'intéresser au rock. Mais, plutôt que les sempiternels concerts filmés, Hors-Circuits privilégie les documentaires (sur Nina Hagen, les Ramones ou les Residents) et les curiosités, comme ce *Rodrigo D : No Future*, qui raconte l'émergence du rock en Colombie, un film sur la scène rock à Porto Rico ou encore *La Brune et moi*, long-métrage de 1980 avec Pierre Clémenti et des groupes français emblématiques de l'époque comme Édith Nylon, Taxi Girl, les Dogs ou Marquis de Sade. La boutique dispose aussi d'un bon choix de fanzines et d'un rayon disques (vinyles et CD) où Lydia Lunch voisine avec les 33-tours du label Mémoire Neuve, qui édite en vinyle les chansons inédites de groupes rock français des années 60 à 80.

Lady Long Solo

38, rue Keller, 11e • M° Bastille ou Ledru-Rollin
Tél. 01 48 07 85 59 • www.ladylongsolo.com
Ouvert du lundi au samedi de 14h à 20h

Smoke on the Keller. Une librairie où l'on peut fumer de vraies cigarettes ? Voilà un endroit à l'esprit rock incontestable ! Lady Long Solo – titre d'un texte de l'écrivain André Hardellet – est une authentique librairie alternative ouverte à la contre-culture sous toutes ses formes, de la politique à la musique, en passant par les drogues. Un lieu de rencontres et de discussions où l'on trouve, à côté d'un herboriseur destiné à tester les herbes (toutes les herbes, oui) et de petits savons à l'huile de chanvre, les ouvrages des Éditions du Lézard, de Dagorno et de L'Esprit frappeur, sans oublier le classique *L'Aventure hippie* de Jean-Pierre Bouyxou et Pierre Delannoy. Pas la peine de se munir d'une carte Bleue : la maison ne possède pas la machine idoine… *Cool, man !*

DO IT YOURSELF

Vous aimez le rock, mais vous trouvez que la presse "officielle" ne parle pas assez de vos groupes favoris ? Il ne vous reste qu'une chose à faire : lancer votre fanzine. Quand un amateur de rock – mais aussi de cinéma, de bande dessinée ou de n'importe quel autre sujet – crée un magazine pour écrire sur sa musique préférée, on parle de "fanzine", contraction des mots *fanatic* et *magazine*.

En France, les premiers fanzines rock datent des années 60. Ils émanaient souvent des fan-clubs de chanteurs comme Jerry Lee Lewis ou Buddy Holly. Le plus "professionnel" d'entre eux fut *Big Beat*, actif de 1969 à 1982 et accessible sur www.bigbeatmagazine.com.

Le bouillonnement politique né de Mai 68 inspira plusieurs publications "libres", avant que le mouvement punk, nourri de l'idéologie du "Do It Yourself" ("Faites-le vous-même"), ne donne naissance à de nouveaux fanzines. Les plus célèbres restent l'américain *Maximumrocknroll*, toujours en activité depuis 1977, et l'éphémère (mais influent) *Sniffin' Glue (And Other Rock'n'Roll Habits)*, inspiré d'une chanson des Ramones et publié en Angleterre par Mark Perry en 1976 et 1977. En France, parmi les principaux fanzines issus de l'effervescence punk et du rock alternatif, on peut citer *New Wave*, édité de 1980 à 1995 puis de 2002 à 2008, ou encore *Abus dangereux*, depuis 1987.

Aujourd'hui, les fanzines, parfois reconvertis en "webzines" sur internet, sont conservés à la Fanzinothèque de Poitiers. De *Rock Hardi* à *Chéribibi* ou *On the Rocks*, ils restent les témoins vivants de la créativité d'une époque. Liés à l'émergence de nouveaux courants musicaux et de nouveaux groupes, ils perpétuent un état d'esprit volontiers libertaire et continuent de défendre les artistes situés en marge de l'industrie musicale. On peut s'en procurer au vidéoclub Hors-Circuits (voir p. 104) dirigé par l'un des fondateurs de *New Wave*, Patrice Herr Sang (un pseudo qui lui vient de sa réputation de "Robert Hersant du fanzinat"), par ailleurs auteur de *Vivre pas survivre !* (éditions du Yunnan), chronique des années punk de 1974 à 1980.

Pop Culture Shop

23, rue Keller, 11e • M° Bastille ou Ledru-Rollin
Tél. 01 43 55 34 68 • www.myspace.com/popcultureshop
Ouvert le lundi de 14h à 19h30, du mardi au samedi de 11h à 19h30

Pop U.S. Dans une rue traditionnellement vouée au culte du manga, cette boutique d'un abord agréable, inaugurée en novembre 2009, se consacre à la culture populaire venue des États-Unis, de *Star Wars* à *Futurama* et des *Simpsons* au *Surfer d'Argent*. Les *comics* se taillent la part du lion, mais l'amateur de rock indépendant américain prendra le temps de fouiller dans les quelques bacs de disques (CD et vinyles en formats 33-tours et single) et de feuilleter les beaux livres et autres *artbooks* en import soigneusement rangés sur les étagères, sans oublier les tee-shirts qui rendent hommage à l'univers de Robert Crumb, à son *Mr. Natural* et au magazine *Zap Comix*.

Thé Troc

52, rue Jean-Pierre-Timbaud, 11e • M° Parmentier ou Oberkampf
Tél. 01 43 55 54 80
Ouvert du lundi au samedi de 14h à 20h

Underground. Non, les années 70 et la contre-culture ne sont pas mortes et enterrées ! Il suffit de faire un tour chez Thé Troc pour s'en convaincre. La vitrine donne le ton, couverte d'affichettes qui ne cachent rien de l'engagement politique de Ferid, qui tient boutique depuis 1981. À l'intérieur, Thé Troc relève à la fois de la librairie, du bazar et du salon de thé. Côté rock, on trouve quelques vinyles d'occasion, nombre de sérigraphies de Robert Crumb (auteur de la mythique pochette de l'album de Janis Joplin *Cheap Thrills*), un lot de vieux *Rolling Stone* comme des affiches de concerts organisés à l'Avalon Ballroom de San Francisco. Thé Troc accorde une large place à la culture de l'underground, en particulier américain. Éditeur, sous le label Tête Rock Underground, du dessinateur Gilbert Shelton, créateur des *Freak Brothers*, Ferid vend aussi des numéros de *Rock'n'Roll Comics*, de *High Times* (qui est à l'amateur d'herbe ce que *Rolling Stone* est à l'amateur de rock) ou de son équivalent espagnol, *Cañamo*. Un lieu engagé, ce qui a tendance à se perdre de nos jours.

Renoma

129 bis, rue de la Pompe, 16e • M° Rue-de-la-Pompe
Tél. 01 44 05 38 25
www.renoma-paris.com • www.renoma-cafe-gallery.com
Ouvert du mardi au samedi de 10 à 19h

Blow Up. Dans les sixties, Maurice Renoma était le grand couturier favori des stars du rock. Eric Clapton, les Beatles, les Stones ou Bob Dylan poussaient la porte de sa boutique de la rue de la Pompe pour venir s'habiller chez lui. Quarante ans plus tard, celle-ci est de nouveau au centre de l'actualité rock'n'rollienne grâce aux expositions de photos organisées par le fondateur, lui-même photographe à ses heures. En avril 2010, il a ainsi présenté, dans sa boutique transformée pour l'occasion en galerie, les images de dix photographes qui ont contribué à alimenter la légende stonienne, de Gered Mankowitz (la pochette de *Between the Buttons*, c'était lui) à Michael Cooper (auteur de la photo de pochette du *Sgt. Pepper's* des Beatles) et de Dominique Tarlé à Claude Gassian. Avant de célébrer, en septembre de la même année, les quarante ans de la disparition de Jimi Hendrix en confiant à Yazid Manou, grand spécialiste du guitariste, l'organisation d'une expo réunissant les clichés de photographes comme Jean-Louis Rancurel, Jean-Pierre Leloir ou Alain Dister. D'excellentes occasions de rappeler que le rock, au-delà de la seule musique, a toujours été une histoire d'image et que la photographie a largement contribué à nourrir sa mythologie.

Tombe de Jim Morrison

Cimetière du Père-Lachaise • Chemin de Lesseps, 16e division
16, rue du Repos, 20e • M° Philippe-Auguste
Tél. 01 55 25 82 10

SOS Fantômes. Entre ici, Jim Morrison... Quarante ans après sa disparition, le 3 juillet 1971, le chanteur des Doors reste toujours aussi populaire. Sa tombe (enfin, ce qu'il en reste : le buste à son effigie a été volé depuis longtemps) est de loin la plus fréquentée du Père-Lachaise. Elle accueille en permanence un mélange de fleurs, de photos et de dessins, voire une petite bouteille de whisky posée avec une délicate attention sur la margelle. Pourtant, elle est désormais protégée : las de nettoyer régulièrement les graffitis sur les tombes voisines, les autorités du cimetière ont installé plusieurs barrières (faciles à enjamber, mais chut ! on ne vous a rien dit). Conséquence : c'est le marronnier voisin qui se retrouve couvert d'inscriptions et de messages d'amour... Des groupes de jeunes continuent de s'y réunir dans la journée (la nuit, des équipes de sécurité patrouillent) pour jouer de la guitare, boire un coup et écouter "Light My Fire" en communiant dans le culte de Jim. Les jours de grosse affluence, comme celui de l'anniversaire de sa mort, un gardien est là pour tenter de mettre un peu d'ordre. On peut aussi jeter un œil à la tombe d'Alain Bashung (avenue de la Chapelle, 20e division), avec son couvercle en forme de sillons de 45-tours, ou à celle de Mano Solo, située un peu plus bas.

Index

DRUGSTORE

Dans la même collection

100 aventures insolites à Paris
100 sorties cool autour de Paris
100 sorties cool avec les enfants
À chacun son café
À chacun son resto
Acheter de l'art à Paris
Attendre un enfant à Paris
Aux bons produits de Paris
Avoir un chat à Paris
Belle et bio à Paris
Bien jardiner à Paris
Bien naître à Paris
Chanter à Paris
Chic et jolie à petits prix
Comment devenir une vraie Parisienne
Cours et ateliers d'art à Paris
Cuisiner comme un chef à Paris
Découvrir les sciences à Paris
Être bénévole à Paris
Faire du cheval à Paris
Guide de survie de l'étudiant parisien
Jolis hôtels de Paris à petits prix
L'Afrique à Paris
L'art contemporain à Paris
L'Asie à Paris
La photographie à Paris
Le guide du soutien scolaire
Le jazz à Paris
Le thé à Paris
Les cantines des Parisiennes
Les meilleurs bars de Paris
Les meilleurs brunchs de Paris
Les meilleurs dépôts-ventes de Paris
Les meilleurs massages de Paris
Les meilleurs restos à petits prix
Les meilleurs voyants de Paris
Les mercredis des petits Parisiens
Nuits blanches à Paris
Organiser une fête à Paris
Où s'embrasser à Paris
Où trouver le calme à Paris
Paris: The Thrifty Eater's Guide
Paris anti-stress
Paris bio
Paris brico-déco
Paris Chocolat
Paris cinéphile
Paris de fil en aiguille
Paris Design
Paris en bouteilles
Paris en fauteuil
Paris Gourmandises
Paris Latino et ibérique
Paris des libres savoirs
Paris récup'
Paris rétro
Paris underground
Paris Vintage
Paris World Food
Paris Yoga
Paris (vraiment) gratis
Petits bonheurs parisiens
Petits et grands musées de Paris
S'épanouir à Paris
SOS Parisiens débordés
SOS Jeune mère parisienne
The Best Places to Kiss in Paris
Trouver un appart' à Paris
Trouver un Jules à Paris
Un tour à la campagne
Vivre mieux pour moins cher
Week-ends antistress autour de Paris
Week-ends de charme à petits prix

ISBN : 978-2-35179-697-5
Dépôt légal : juin 2011
Achevé d'imprimer en mai 2011 dans les ateliers de Sagim, à Courtry
N° d'impression : 12362
Avec la collaboration de Sébastien Cordin